두 번째 직업

경력 관리 전문 컨설턴트가 알려주는 내 마음이 끌리는 직업 찾기

# 두 번째
# 직업

윤통현 지음

매일경제신문사

## 프롤로그

빠른 시간 내에 원하는 분야에서 행복하게 일하는 당신의 모습을 기대하며 첫 편지를 띄웁니다.

안녕하세요. 저는 커리어 컨설턴트로 일하고 있는 윤통현입니다. 하는 일이 그렇다 보니 직업 문제로 많은 분들과 상담을 합니다.

보다 좋은 직장을 얻을 수 있는 방법을 물어 보시는 분도 있고 퇴직의 스트레스를 이겨낼 수 있는 방법을 찾는 분도 있습니다. 어떤 분은 창업을 묻기도 하고 귀농을 상담하기도 합니다.

저는 일에 대해 다양한 고민을 하고 있는 내담자에게 항상 이야기 하는 것이 있습니다. 그것은 바로 '보케이머션'을 하길 권하는 겁니다.

이 책은 컨설팅 현장에서 이야기하는 보케이머션(Vocaimmersion)에 대해 이야기하는 첫 번째 책이 될 것입니다. 앞으로 이 책에서는 보케이머션에 대한 개념과 내용 그리고 이를 실천하는 방법에 대해 이야기를 할 것입니다. 또한 보케이머션의 원리를 이야기하며 우리가 왜 두 번째 직업을 선택해야 하는지에 대해서도 이야기 할 것입니다.

저는 앞으로 편지 하나 하나가 독자 여러분이 이전과는 다른 방식으로 진정한 자신의 일을 찾는 데 도움이 되길 기대합니다.

그럼 지금부터 보케이머션의 세계로 여행을 떠날 수 있도록 안내하겠습니다.

# contents

Letter 1_ 프롤로그    4


## PART 01  두 번째 직업

### 01  두 번째 직업을 가져야 하는 시대

Letter 2_  평생직장은 없다    13

Letter 3_  첫 번째 직업의 한계    16

Letter 4_  두 번째 직업의 의미    18


### 02  두 번째 직업이 필요한 사람들에게

Letter 5_  새로운 일을 선택해야 할 이들에게    22

Letter 6_  지금 하는 일에
회의감이 드는 30대에게    24

Letter 7_  경력 단절 여성에게    28

Letter 8_  퇴직 이후 자신의 일을 찾는 50대에게    32


## PART 02  나에게로 떠나는 여행

### 01  몰입의 기술

Letter 9_  보케이머션의 개념    39

Letter 10_  뜨거운 사람이 되어라    43

Letter 11_ 몰입을 이끄는 8가지 실행 방안    46

Letter 12_ 나만의 사색 공간 정하기    49

Letter 13_ 생각하는 시간 만들기    52

Letter 14_ 편안한 환경 조성하기    59

Letter 15_ '무엇을'이라는 내용으로 질문하기    63

Letter 16_ 주제별로 생각하기    67

Letter 17_ 끊임없이 자료 찾기    70

Letter 18_ 생각하며 걷기    74

Letter 19_ 생각 정리하기    77

Letter 20_ 일상생활에 응용하기    81


02   나만의 삶 만들어가기

Letter 21_ 꿋꿋이 나아가기    85

Letter 22_ 이정표 세우기    87

Letter 23_ 일 속에서 행복감 찾기    89


03   자각이 이루어지는 과정

Letter 24_ 깊은 사색 속에서 무언가
          발견한 적이 있나요?    94

Letter 25_ 의사 결정 과정 이해의 필요성    96

Letter 26_ 뇌의 구조와 기능    101

Letter 27_ 신경 전달 물질의 역할    109

Letter 28_  뇌를 훈련시켜라    118

Letter 29_  생각의 흐름을 바꿔라    122

Letter 30_  성공을 이끌어낸 몰입 활동 사례들    125


**04  마음의 소리를 듣다**

Letter 31_  몰입의 중요성을 깨닫다    129

Letter 32_  퇴직 후 나무를 심기까지    132

## PART 03 백 번의 계획보다 한 번의 실천

**01  첫 번째, 철저히 준비하라!**

Letter 33_  두 번째 직업 찾기 3단계    137

Letter 34_  직업 선택 3대 요소    139

Letter 35_  심리 검사 진행하기    141

Letter 36_  1만 시간의 법칙에 따라
전문성 점검하기    144

Letter 37_  과거 경험 돌아보기    147

Letter 38_  3~6가지로 추려내기    149

**02  두 번째, 몰입하라!**

Letter 39_  데이터베이스를 만들어라        **155**

Letter 40_  수집된 정보 정리하기        **159**

Letter 41_  몰입 시간 갖기        **161**

Letter 42_  흔들리지 않는 중심축을 세워라!        **163**


**03  세 번째, 구체화하라!**

Letter 43_  실천하라!        **167**

Letter 44_  플래너를 활용하라!        **171**


Letter 45_  에필로그        **174**

PART **01**

# 두 번째
# 직업

# 01

---

# 두 번째 직업을
# 가져야 하는 시대

## 평생직장은 없다

직업상담을 하다 보면 평생직장이 사라졌다는 것을 확실히 느낍니다. 첫 번째 직장생활을 시작한 지 2년도 되지 않았는데, 회사 경영상의 이유로 어쩔 수 없이 직장에서 나오는 젊은이를 많이 봅니다. 30, 40대 그리고 50대도 마찬가지입니다. 희망퇴직 등의 다양한 사유로 많은 분들이 직장을 나오고 새로운 일을 찾고자 합니다.

회사의 경영상의 이유로 제 2의 직업 즉, 두 번째 직업을 찾을 수밖에 없는 어쩔 수 없는 상황도 많이 생기지만 더 중요한 이유가 있습니다. 그것은 바로 우리가 살아가야 할 시간이 이전 세대와 비교했을 때 적어도 20년 이상이 늘어났기 때문입니다.

20년이 추가로 주어진 삶에서 '나는 무엇을 하며 살 것인가?'에 대한 답을 찾아볼 필요가 있지 않을까요? 평균 수명이 65세였던 때가 있었습니다. 그렇지만 지금은 80세를 훨씬 넘고 있습니다. 그리고 앞으로 20년, 40년 후라면 아마도 우리의 평균 수명은 90세를 넘기지 않을까요?

저는 커리어 컨설턴트입니다. 퇴직을 한 사람들을 하루에 몇 명씩 만나 상담을 하는 것이 주요한 일이지요. 처음 저를 만날 때는 많은 이들이 심리적 스트레스를 다양한 방법으로 표현합니다. 어떤 분들은 퇴사하게 된 회사의 불만을 격정적으로 표출합니다. 또 다른 분들은 묻는 이야기에 잘 대답을 하지 않고 회피만 합니다. 그리고 대부분의 사람들은 앞으로 무엇을 해야 할지 모르겠다고 불안감을 나타냅니다.

직무 경험도 다르고 사회적 위치도 다른 그들이 공통적으로 이야기하는 것이 있습니다.

"나에 대한 준비가 아직 안되었어요."

"할 수만 있다면 이전으로 돌아가고 싶죠."

"뭘 해야 할지 아직 결정하지 못했습니다."

새로운 일을 찾기 위해서 우선적으로 해야 할 것은 바로 자신의 내면을 들여다 보는 것입니다. 그런데 사실 이게 생각보다 쉬운 것이 아닙니다. "어떤 것이 나의 내면을 보는 것이냐"라고 물어 본다면 참으로 답하기 어렵습니다.

얼마 전 한 고객이 저와 상담을 한 적이 있습니다. 그 분은 40대 중반으로 대기업을 다니다 희망퇴직으로 직장을 나와 전직 컨설팅을 하게 된 상황이었습니다.

"계획하신 일이 있다면 저에게 말씀 부탁드립니다."

"아직은 ……. 특별히 없습니다."

"지금이 아니더라도 이전에 생각해 보신 것이 있다면 이야기해 주시지요."

"글쎄요. 그때는 직장생활에 집중하다 보니 나에 대해 깊게 생각을 해 본적이 없었습니다. 그때 미래에 대한 생각을 했어야 됐나 싶습니다."

"제가 어떤 부분을 상담해 드리길 원하시나요?"

"그게… 음… 어떤 일을 해야 할지 알려주시면 좋겠네요."

자신의 일임에도 많은 분들이 무엇을 해야 할지 매우 혼돈스러워 하고 있는 것이 사실입니다. 그럼에도 가족을 책임져야 한다는 부담감 등으로 어떻게 해서든 빨리 결정을 내리려고 하는 경향이 있습니다. 그런 마음을 충분히 이해합니다.

그러나 새로운 일을 선택하는 것은 상당히 신중한 선택을 통해 이루어져야 합니다. 그렇지만 많은 분들이 두 번째 직업에 대해 첫 번째 직업을 찾을 때와 같은 방법으로 생각하고 찾아내려 하고 있습니다.

이번 기회를 통해 약간은 색다른 방법으로 자신의 일을 찾아야 되지 않을까요?

## 첫 번째 직업의 한계

첫 번째 직업이 평생 동안 할 수 있는 일이 된다면 얼마나 좋을까요? 그러나 요즘 그런 기회를 가지는 것은 로또에 당첨되는 경우만큼 희소한 일입니다. 일반적으로 첫 번째 직업은 학교를 졸업하면서 갖습니다. 그런데 그렇게 얻는 첫 번째 직장은 언젠가는 떠나야 하는 한시성을 갖고 있습니다. 산업화가 촉진되었던 1990년대까지는 기대수명이 짧고 정년이 보장되었던 시기였기에 평생 직업이라는 것이 있었습니다. 그러나 지금은 기대수명은 길어진 데 반해 정년 보장은 그에 따라가지 못합니다.

일반적으로 40세 이전까지는 자발적 이직이 많습니다. 그런데 40세를 넘기면 자발적 이직보다는 회사 상황에 따른 비자발적 퇴사가 더욱 많습니다. 마흔을 넘긴다는 것은 사회적으로 성숙했다는 것이며, 다양한 분야에서 능숙한 숙련도를 보일 수 있는 황금시기에 도달했다는 것입니다. 그리고 그와 더불어 책임을 져야할 것들이 많아지는 시기입니다.

어떤 분이 다음과 같은 말을 하였습니다.

"결혼하면서 책임 1이 생겼고 그리고 얼마 뒤 책임 2와 책임 3이 생겼습니다. 그와 더불어 저의 꿈은 멀어졌고 지금은 현실 속에서 책임감과 의무감으로 일할 수밖에 없는 제 모습을 보고 있습니다."

약간은 자조 섞인 표현이지만 공감이 가는 말입니다. 그렇게 책임감을 가지고 묵묵히 일하고 있는데, 어느 순간 그들에게 새로운 일을 알아봐야 하는 상황이 만들어지고 있습니다. 다른 일이나 직장은 생각도 하지 않고 열심히 살아왔는데 말입니다. 그것이 현실입니다.

결론적으로 첫 번째 직업은 언젠가는 끝나는데 그 끝나는 시기가 인생에서 생각보다 아주 빠른 시기에 찾아온다는 것입니다. 이 말은 첫 번째 직업 이후 두 번째 직업에 대해 미리 생각해 볼 필요가 있다는 것을 의미합니다.

이제 우리는 두 번째 직업에 대해 어떤 생각을 갖고 무엇을 준비해야 될지에 대해 진지하게 생각해 봐야 합니다.

## 두 번째 직업의 의미

두 번째 직업은 두 가지의 의미가 있습니다.

첫 번째는 학교를 졸업한 이후 처음 직장을 갖고 일을 하다가 어느 날 정년이든 구조 조정이든 여러 가지 이유로 환경적 조건에 맞추어 새로운 일을 찾는 것을 두 번째 직업이라 말할 수 있습니다.

또 다른 의미의 두 번째 직업이란 환경적 조건에 맞추지 않고, 주체적으로 자신의 일을 찾아 그 일을 수행해 나가는 것을 의미합니다. 이 글을 쓰는 이유는 바로 독자 여러분이 주체적으로 자신의 일을 찾아 나서길 바라는 마음이 크기 때문입니다.

생각보다 많은 분이 환경적 여건에 의해 직업을 선택합니다. 환경적인 여건을 세분화하면 경제적인 이유, 주변의 권유, 직업에 대한 평판 등 다양합니다. 환경적 여건을 통해 직업을 선택하는 비율은 예나 지금이나 큰 차이가 없어 보입니다.

대학에서 졸업반 학생들을 만나 직업 선택의 조건이 무엇인지 설문을 돌려 보면 안정성, 높은 연봉, 사회적 체면(대기업 또는 금융권, 외국계 기업과 같이 나름의 브랜드가 있는 기업을 의미합니다)을 매우 중요한 우선순위로 이야기합니다. 자신이 생각하는 신념이나 적성을 살린 일을 찾아보겠다는 이들도 있기는 하지만 다수는 아닙니다.

지금 사회에 첫 발을 내딛고자 하는 이들의 모습이 십년 전, 이십년 전 학교를 다니던 분들과 큰 차이가 없어 보입니다. 오히려 취업에 대한 중압감은 더 커진 것은 아닌가 하는 생각이 듭니다.

그러나 그렇게 환경적 조건에만 맞추어 들어간 직장이 만족스러운지 30~40대 이상의 직장인에게 묻는다면 선뜻 그렇다고 말할 수 있는 이는 그리 많지 않을 겁니다. 게다가 맘에 들지 않더라도 평생을 책임져 줄 수 있는 직장이라면 그럭저럭 다니겠지만 언제부터인가 평생직장이라는 개념이 사라지면서 한창 일할수 있는 나이에 조직을 나와 새로운 일을 찾아야 하는 상황이 되었습니다.

이런저런 이유로 두 번째 직업 준비는 이제 우리에게 현실이 되었습니다. 앞으로 살아갈 시간이 지금까지 일을 해온 시간보다 훨씬 많이 남아있고, 이제는 우리의 마음속에서 진정으로 하고 싶어하는 일을 찾아나서는 것이 자신의 하나뿐인 삶을 보다 가치있게 만드는 것이기 때문에 두 번째 직업은 우리에게 정말 중요합니다. 일을 선택하는 데 금전적인 이유도 중요하지만 더 중요한 것은 즐거운 마음과 책임감이라고 말씀드리고 싶습니다.

커리어 컨설팅을 하는 동안에 자신이 원하는 일을 위해 끊임없이 노력하며 해당 분야의 길을 걷는 분들을 보았습니다. 자신이 하는 일이 어떤 의미가 있는지 생각해 보고 그 일이 진정 자신에게 맞는 일인지 고민해본다면, 자신에게 적합한 일을 찾을 수 있는 확률이 매우 높다고 자신합니다.

우리나라에 1만 5,000여 가지의 직업이 있다고 합니다. 모든 직업이 나에게 맞는 일은 아닐 겁니다. 그렇지만 그중 나에게 딱 맞는 일이 있습니다. 그러한 일을 찾아보는 활동이 지금 이 시간 필요한 일이라고 생각합니다.

두 번째 직업, 그것은 바로 내가 하고 싶은 일이자 경제적으로 먹고살 형편을 제공할 수 있는 일이어야 합니다. 당장의 경제적 여건에 맞는 일, 원래 하던 분야여서 잘 할 수 있기에 선택하는 일은 어느 정도 시간이 지났을 때, 회의감에 빠질 가능성이 매우 높습니다. 따라서 지금이 나의 인생에 있어 중요한 결정의 시기라고 생각하고 보다 자신에게 시간을 투자해 볼 필요가 있습니다.

그렇게 시간을 투자하고 결정한다면, 시간이 지난 후 과거의 선택에 대해 아쉬움보다는 뿌듯한 마음을 갖게 될 것입니다.

# 02

## 두 번째 직업이 필요한 사람들에게

## 새로운 일을 선택해야 할 이들에게

새로운 일을 선택하는 것은 쉽지 않은 일입니다. 자신이 선택할 수 있는 정보도 부족하고, 정보가 있더라도 그것이 나에게 어떤 의미를 갖는지 판단하기도 쉽지 않기 때문입니다. 그러나 선택을 하지 않고 시간을 흘려 보낼 수는 없기 때문에 고민한 후에는 반드시 선택을 하여야 합니다.

이때 '나는 어떤 기준을 갖고 새로운 일을 선택해야 할 것인가?'에 대해 고민해야 합니다. 그 기준은 금전적 수익일 수 있고, 일의 가치가 될 수 있습니다. 무엇을 중심으로 생각해야 할지는 개인의 자유입니다. 다만 그 선택의 기준이 최소 몇 년 어쩌면 수십 년을 진행해야 할 일의 첫 단추이기 때문에 신중하게 판단해야 합니다.

새로운 일을 선택하는 데 참고가 될 수 있는 방법이 있습니다. 자신이 원하는 분야의 일을 선택한 분들의 직업 선택 기준을 알아보는 것입니다. 일단 지인을 찾아 볼 필요가 있습니다. 2~3년 정도 먼저 직장을 나와 새로운 일을 선택한 분을 만나 볼 필요가 있습니다. 단, 너무 오래전에 직장에서 나온 분은 현재의 직업 환경하고는 맞지 않을 수 있으므로 일부러 소개받아 만날 필요까지는 없다고 생각합니다.

자신이 관심 있는 분야에서 활동을 하는 분이라면 이번 기회에 한 번 만나 보시기 바랍니다. 그러한 노력이 새로운 일을 선택하는 데 매우 중요한 메시지를 전달해 줄 수 있을 것입니다.

이제부터 새로운 일을 깊이 있게 생각해 보아야 할 이유와 일 선택 방법에 대해 상황별, 나이별로 구분하여 공유해 보고자 합니다. 자신에게 맞는 부분을 참고해서 보신다면 도움이 될 수 있을 것입니다.

# 지금 하는 일에
# 회의감이 드는 30대에게

30대라는 나이는 무엇이든 할 수 있는 무궁무진한 가능성의
대로에 갓 진입한 시기라 말할 수 있습니다. 사회적 위치를 보자
면 사회에 첫발을 내디딘 이후 새로운 환경에 적응하며 최선의
노력을 한 결과 대리나 과장 정도의 직급에 오른 상태입니다.

그러나 어느 순간부터 하고있는 일에 약간의 회의감이 들기
시작합니다.

'이 일이 정말 나에게 맞는 일인가?'

'이러자고 이때까지 열심히 일한 건 아닌데 내가 왜 지금 이러
고 있지?'

'아, 출근하기 싫다. 어딘가로 훌쩍 떠나버릴까?'

다양한 회의적인 질문이 꼬리에 꼬리를 물고 생각납니다. 잠
시 생각해 볼 것이 있습니다.

30대라는 나이가 될 때까지 우리가 살아온 환경은 어땠나요?

어떤 생각을 하고 첫 직장을 선택했나요?

대기업에서 근무하다 나와 저에게 상담을 시작한 30대 젊은이가 있었습니다. 서울의 유명 대학을 나왔고 학점도 높았기에 여러 회사에 합격하였고 그중 이미지가 좋았던 기업에 입사하였습니다. 그리고 4년이 지난 후 그 젊은이는 회망퇴직을 신청하고 회사를 나왔습니다. 퇴직 대상도 아니었지만 그는 자발적으로 퇴직을 신청하였습니다. 왜 퇴직을 신청하였는지를 물었을 때 그 젊은이는 이렇게 말했습니다.

"결혼을 했다면 아마 희망퇴직을 신청하지 못했을 겁니다. 부모님은 제가 희망퇴직을 신청하여 회사를 나왔다는 것을 모릅니다. 직무가 전공과 잘 맞기에 제 나름대로 회사에 잘 적응할 것이라 생각했는데, 막상 직무를 수행하니 이론에서 배운 것과 실무는 현저히 달랐습니다. 처음 6개월은 직무를 배워가며 열심히 하려 했는데 시간이 지날수록 '내가 지금 여기서 무엇을 하고 있는 거지?' 라는 생각이 계속 들었습니다."

그는 잠시 생각을 하다 이내 말을 이어갔습니다.

"사원에서 대리로 직급은 올랐지만 일에 대한 흥미를 찾을 수는 없었습니다. 무언가 다른 것이 나를 이끌 것 같다는 생각이 들었지요. 그래서 큰마음을 먹고 이번에 희망퇴직을 신청했습니다. 만약 지금 이런 저의 마음을 덮어 두고 계속 직장을 다니다가 어느 순간 결혼하고 애도 낳는다면 정말 돌이킬 수 없이 계속 다녀야만 하는 상황이 될 것 같았습니다."

많은 이들이 일을 수행하면서 내적 갈등을 겪고 있습니다. 그렇지만 결단을 내리고 행동으로 옮기는 이는 그리 많지 않습니다. 그렇다고 위의 사례가 특별한 경우는 결코 아닙니다. 대기업에서 신입 사원을 채용했을 때 약 30% 이상이 1년 이내에 회사를 떠난다고 합니다. 그들이 모두 직업에 대해 고민하고 진정으로 자기가 원하는 일을 찾기 위해 떠나는 것은 아니지만 적지 않은 이들이 직장을 구한 이후에 자신이 하고 있는 일이 진정 평생 해야 하는 일인가에 대해 생각한다는 것입니다.

저는 이러한 일이 발생하는 이유가 학교생활을 통해 진지하게 자신의 일에 대해 고민을 하지 않고 직업을 선택하기 때문이라고 생각합니다. 학력 위주 사회에서 공부만 열심히 해야 하는 환경이 가장 큰 이유라고 생각합니다. 남들의 눈을 의식하여 외형적으로만 좋아보이는 일을 자신의 성향과 맞다고 생각하고 맹목적으로 추종한 것은 아닐까요?

30대라는 나이는 새로운 선택을 해도 성공할 수 있는 나이입니다. 다만 그 선택의 기회가 왔을 때 어떠한 방법을 통해 선택을 해야 할지는 잘 생각해 볼 문제입니다.

모든 상황이 정착된 상태에서 새로운 준비를 하기는 쉽지 않습니다. 가족의 이해와 시간에 대한 투자가 필요한 것이 두 번째 직업입니다. '지금 하는 일은 아니다'라는 생각이 든다면 진정 자신이 하고 싶은 일을 찾기 위한 노력을 해봐야 합니다. 그것이 30대에게 주어질 수 있는 기회라고 말하고 싶습니다.

## 경력 단절 여성에게

경력 단절 여성이라는 표현이 있습니다. 20대에 직장을 다니다 결혼, 육아 등의 사유로 가사에 전념하다 다시 사회 진출을 꿈꾸는 여성을 표현하는 말입니다. 이 표현에는 경력이 단절되었기 때문에 새로운 일을 하는 데 애로사항이 매우 많을 수 있다는 의미가 내포되어 있습니다. 과거에 아무리 대단한 일을 하였다 할지라도 3년, 5년이 지나고 10년이 지났다면 현재의 근무환경에서는 쉽게 적응할 수 없습니다.

YWCA가 주최하는 '경력 단절 여성을 위한 사회 참여 프로그램'의 한 부분을 맡아 강사로 참여한 적이 있습니다. 그 프로그램에 참여한 분들의 결혼 전 경력은 아주 화려했습니다. 서울의 S대, Y대, E대학의 학부를 나온 분부터 대학원 출신도 여럿 있었습니다. 그리고 누구나 알 수 있는 대기업을 다니셨던 분들이었습니다. 그러나 과거의 커리어일 뿐이었습니다.

당시 미팅에서 보여준 그분들의 꿈은 소박했습니다. "월급은 그리 중요하지 않아요. 그저 나를 인정해 주고 내가 잘할 수 있는 일이 있는 회사가 있다면 어디든지 가겠어요"였습니다. 그렇지만 그분들에게 어디든지 가겠다는 의미는 '자신을 인정해 주는 회사여야 한다'는 전제조건이 있었습니다. 그러기 위해서는 자신의 능력을 보여 줄 필요가 있는데 일단 거기에서 막혔습니다. 자신이 무엇을 보여 줄 수 있는지, 또 무엇을 잘할 수 있는지 스스로를 파악하고 있는 분은 거의 없었습니다. 단순히 무언가 일을 하고 싶다는 생각만 가지고 있었습니다.

많은 분들이 여러 강좌를 듣고 있었습니다. 미스테리쇼퍼 과정을 듣기도 하였고, 공경매사 과정을 들은 분도 있었습니다. 바리스타 과정은 매우 많은 분들이 수강하기도 하였습니다. 어떤 분은 직업상담사 과정을 듣기도 하셨습니다. 몇 분에게 한번 여쭤어 보았습니다.

"아주 많은 과정에 시간과 돈을 투자하셨는데 그중에 진짜 하고자 하는 것이 어떤 건가요?"

이 질문에 대한 답을 정리하자면 다음과 같았습니다.

"글쎄요. 그냥 일단 시간이 되니깐 들었지 그걸로 무엇을 진짜 해 보겠다는 생각까지는… 음… 좀 생각해보긴 했는데 잘 모르겠네요."

"주변 사람들이 자격증 따놓으면 나중에 잘 쓰일 거라고 해서 일단 수강해보고 들은 거였어요."

"어쩌면 불안감 때문인 것 같아요. 애가 크면 무언가 해야 할 텐데 더 이상 사회에서 나를 받아 줄 것 같지는 않고……."

답을 하지 않은 다른 분들도 크게 다르지 않을 것이라 생각합니다.

미래를 위해 여러 가지 새로운 것을 배운다는 것은 매우 의미 있는 일이라 생각합니다. 그러나 그전에 우리가 생각해 볼 것이 있습니다. 다시 일을 준비하는 여성이라면 더욱 그렇습니다. 사회에서 필요로 하는 여성이 되기 위해 준비하는 것도 중요하지만 자신이 무엇을 잘할지 파악해서 한 가지에 집중하는 것이 필요합니다.

다시 일을 시작하기 위해서는 준비의 시간이 필요합니다. 새로운 교육을 받을 필요가 있고 변화된 환경의 특징도 파악해 보아야 합니다. 그리고 새로운 분야의 인맥도 만들어 나갈 필요가 있습니다. 20대 꽃다운 청춘이라면 가르쳐서 쓰겠다는 생각으로 직원을 뽑지만 30, 40대의 여성을 뽑는데 20대를 뽑는 것과 같은 마음을 갖고 있는 회사는 우리나라에 많지 않습니다.

많은 여성분이 과거의 화려했던 시절을 생각하며 준비를 하지 않는 분도 있습니다. 여러분이 지금 그런 상황은 아닌지 생각해 볼 필요가 있습니다. 회사는 일할 수 있는 사람을 뽑는 것이고 경력 단절 여성이라고 해서 별반 다를 것은 없습니다. 해당 되는 분야에서 급여를 줄만한 충분한 가치가 있어야 채용을 합니다.

우선 자신이 어떤 방면에 집중할지 생각해 보고 그에 맞는 준비를 최소한 1~2년 정도 하셔야 합니다. 그래야지 일할 수 있는 기회를 갖게 됩니다.

## 퇴직 이후 자신의 일을 찾는 50대에게

삶이라는 큰 그림에서 본다면 40, 50대는 완숙을 의미 합니다. 자신의 분야에서 어느 정도 주변사람들의 인정을 받는 위치에 있을 수도 있습니다. 그러나 우리나라의 40, 50대 가장은 이 시기에 가장 큰 고민을 갖고 있기도 합니다. 그들은 퇴직을 앞두고 아직 돈이 나갈 곳이 많기 때문에 계속 더 일을 해야 한다고 생각합니다.

다음 페이지에 등장하는 표는 2012년에 출판하였던 《다시, 일하러 갑니다》에 나와 있는 나이대별 퇴직 이후 활동 모형입니다. 가정에 대한 책임감이 있기 때문에 계속해서 일을 하려고 하지만 일할 기회를 좀처럼 찾을 수 없고, 새로운 무언가를 시작한다고 해도 오래 가지 못해 다시 일거리를 찾아야 하는 상황이 반복됩니다.

이러한 상황이 왜 발생하는지 한번 생각할 필요가 있습니다.

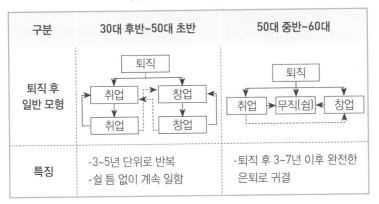

**나이대별 퇴직 이후 활동 모형**

| 구분 | 30대 후반~50대 초반 | 50대 중반~60대 |
|------|--------------------|-----------------|
| 퇴직 후 일반 모형 | 퇴직 → 취업 / 창업 → 취업 / 창업 | 퇴직 → 취업 → 무직(쉼) ← 창업 |
| 특징 | -3~5년 단위로 반복<br>-쉴 틈 없이 계속 일함 | -퇴직 후 3~7년 이후 완전한 은퇴로 귀결 |

그것은 바로 많은 퇴직자가 퇴직 이후 너무나도 급하게 일을 선택하기 때문입니다.

퇴직 이후 일을 선택할 때는 충분한 시간을 가져야 하고, 차근차근 준비를 한 후 새로운 일을 시작해야 합니다. 많은 분들이 퇴직하면 조급증이 생깁니다. 경제적 환경이 충족된다면 큰 문제가 없겠지만 퇴직을 하며 받은 돈이 평생을 책임질 정도는 아닙니다. 그렇기에 많은 퇴직자들이 최소한 몇 달 이내에 무언가를 해야지만 마음이 홀가분해 질 것 같은 생각을 갖고 있습니다. 그래서 모든 일을 속전속결로 해결하려 합니다.

두세 달 일자리를 알아보다 자신이 원하는 일자리를 쉽게 찾을 수 없을 거라고 판단되면 이내 창업으로 마음을 돌리고 여러

프랜차이즈 본사의 창업 아이템을 알아봅니다. 그중 자신이 잘할 수 있을 거라 생각하는 아이템이 눈에 들어오면 약 2~3개월 후에 자신의 이름 앞에 '사장' 이라는 직함이 박혀있는 명함을 만듭니다.

그러나 1년 정도가 지나면 이 많던 사장님들이 새로운 사업 아이템을 찾고 있습니다. 물론 일정 부분의 금전 손해를 본 상태입니다. 인테리어로 투자한 비용, 직원 급여… 투자한 돈을 모두 날리는 것은 아니지만 처음 사업을 시작할 때 보다는 자금이 10~30% 정도 줄어있게 됩니다. 이들은 이전에 하던 것보다는 적은 금액으로 할 수 있는 아이템을 찾아서 새로운 사업을 시작하지만 또 적지 않은 수의 사장님들이 1~2년 후 또 다른 아이템을 찾는 상황에 처하게 됩니다.

1~2년에 한 번씩 새로운 아이템을 찾는 이유가 무엇일까요? 그것은 충분히 생각하고 준비할 시간을 갖지 않고 시작하기 때문입니다. 급한 마음에 무엇이라도 해야겠다는 생각을 하고 일을 시작하고 심리적으로 '난 일을 하고 있어'라는 생각을 계속 마음에 불어넣으며 스스로를 위안합니다. 그러나 그것은 마음의 위안일뿐 현실이 바뀌는 것은 아닙니다.

이렇게 생각해 볼 필요가 있습니다. 일년 후에 사업을 하다 손해보고 손 떼는 경우가 80%에 육박한다면 나 또한 그렇게 될 확률이 높다는 것입니다. 그렇게 해서 손해 볼 금액이 4,000~5,000만 원이라면 그 돈으로 향후 내가 무엇을 할지 충분히 생각하고 그와 관련된 것을 미리 배우며 1년을 보내는 것이 어떨까요? 그동안 가족과 함께 여행도 다니고 말입니다.

그러한 활동을 통해 진정으로 자신이 하고자 하는 일을 찾고, 충분히 준비한 후에 자신이 생각하는 새로운 일을 한다면 얼마나 좋을까요? 저는 급한 마음에 무엇이라도 빨리 하려고 하는 상황에서 이 책을 보고 있다면 꼭 마음을 진정시키라고 말씀드리고 싶습니다. '급할수록 돌아가라'는 말이 바로 지금의 경우를 두고 하는 말이 아닌가 생각합니다.

40대 후반 이후의 나이에 새로운 일을 한번 시작하면 최소한 10년 이상 그 일을 할 수 있어야 합니다. 그러기 위해선 최소한 1~2년 정도 그 일을 준비하기 위한 시간의 투자가 필요합니다.

이러한 준비 방법에 대해서는 다음 장에서 알려드리고자 합니다. 다시 한번 강조하고 싶은 말은 중년에 새로운 일을 찾고자 하는 분들에게는 진정으로 하고 싶은 일을 찾는 것이 꼭 필요하다는 것입니다.

PART **02**

# 나에게로
# 떠나는
# 여행

# 01

---

# 몰입의 기술

## 보케이머션의 개념

보케이머션(Vocaimmersion)은 제가 만든 합성어입니다. 직업이라는 의미의 영어 단어인 'Vocation'과 몰입을 의미하는 단어인 'Immersion'을 결합한 것입니다. 이 두 단어를 합쳐 새로운 의미를 갖는 용어를 만든 이유는 다음과 같습니다.

자신에게 진정으로 의미있는 일이 무엇인지 깊게 생각하고, '아, 이 일을 내가 해야겠구나'라는 자각을 한 후에 수행한다면 이는 진정 자신의 일이라 말할 수 있습니다. 보케이머션은 자신의 일을 찾는 과정에서 자각이라는 경험을 할 수 있도록 해주는 방법입니다. 일을 찾을 때 있어 '자각'은 매우 중요한 의미를 가집니다. 때문에 자각의 경험을 하기 위해서 자신이 알아보고자 하는 일에 대해 집중적으로 생각하는 과정이 필요합니다.

사람들은 한 분야에 집중하는 것을 몰입이라고 말합니다. 스스로 할 수 있는 일이 무엇인지를 진지하게 몰입해서 찾다 보면

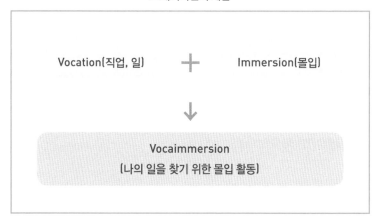

보케이머션의 개념

Vocation(직업, 일) ＋ Immersion(몰입)

↓

Vocaimmersion
(나의 일을 찾기 위한 몰입 활동)

어느 순간 마음속에서 '아, 이거구나. 그래, 그걸 해야겠어' 하는 생각이 듭니다. 그러한 깨달음을 얻으면 자신이 생각하였던 일에 대한 신념이 만들어지고 이를 통해 선택한 일을 평생 동안 해 나갈 수 있는 에너지를 얻을 수 있습니다. 보케이머션은 높은 집중력으로 선택 가능한 다양한 진로의 방향을 탐색하고, 그 안에서 여러 가지 가능성을 타진해 나가는 과정을 말합니다. 그리고 마음속에서 '이 일을 내가 앞으로 해야겠다'라는 생각을 느끼기까지의 과정을 의미합니다.

여기서 한번 생각해 보아야 할 것이 있습니다. 이 글을 읽는 독자께서는 자신이 현재 하고 있는 일 또는 얼마 전까지 하였던 일에 대해 소명의식을 갖고 있습니까?

소명의식이라는 단어가 상당히 깊이 있고 거창하게 느껴질 수도 있겠지만 스스로의 의지에 의해 일을 선택하고, 그 일의 완성도를 위해 다양한 외부 장애물이 있어도 포기하지 않고 한 걸음 한 걸음 나아가는 것이라 생각합니다. 종교를 갖고 계신 분이라면 절대자가 나에게 준 일이라고 이해할 수 있을 것입니다.

그러나 현대를 살아가는 많은 분들에게 소명의식은 어쩌면 사치일 수 있습니다. 생존하지 않으면 도태되는 약육강식의 정글과 같은 삶을 살아가고 있기 때문입니다. 그러기에 소명의식은 사치이고, 나와는 다르게 경제적 여유가 있는 사람이나 가지고 있는 것으로 생각할 수 있습니다.

커리어 컨설팅을 통해 만나는 많은 분들이 당장 필요로 하는 것은 가족을 책임질 수 있는 일입니다. 그런데 실제 경제적 문제를 해결할 수 있는 일을 찾게 되면 다시 자유를 꿈꿉니다. 어쩔 수 없이 선택한 일이라는 생각이 많기 때문이지요.

다람쥐 쳇바퀴를 도는 삶 속에서 우리는 벗어날 필요가 있습니다. 일 속에서 진정한 행복을 찾기 쉽지 않은 현실을 타개할 방법은 진정으로 자신이 원하는 일을 일을 찾아 나서는 것입니다. 그것이 바로 보케이머션 활동입니다.

일에서 성공이라는 단어는 다양하게 쓰여질 수 있습니다. 전문적인 일을 하며 돈을 많이 번 경우도 성공이라는 단어를 쓸 수 있을 것입니다. 저는 성공이란 자신이 진정으로 하고 싶은 일을 수행해 나가는 것이 아닐까 생각합니다.

각각의 분야에서 성공한 많은 분들을 보게 되는데 그들 중 진정 존경스럽다는 생각을 하는 경우는 스스로의 일에 만족하고 평생에 걸쳐 그 일을 해 나가는 사람들입니다.

그런데 그러한 일을 찾는 것이 쉽지는 않습니다. 왜냐하면 어디에 있는지 잘 모르기 때문입니다. 해답은 매우 가까운 곳에 있습니다. 너무나도 당연한 사실이지만 그것은 바로 마음속에 있습니다. 다만 우리는 그것을 찾고 싶다는 생각만 했을 뿐 제대로 찾아보려고 한 적은 없습니다. 그것을 찾는 활동이 바로 보케이 머션입니다.

이제부터 절대자가 나에게 준 일을 찾아 나가는 과정을 하나씩 알려드리겠습니다.

## 뜨거운 사람이 되어라

'어떤 일에 미쳐본 적이 있는가?'는 살면서 많이 듣는 질문입니다. 저는 안도현 시인이 쓴 〈너에게 묻는다〉에 깊이 공감합니다.


너에게 묻는다

　　　　　　　　　　　　　　　-안도현-


너에게 묻는다
연탄재를 함부로 발로차지 마라
너는 누구에게 한 번이라도 뜨거운 사람이었느냐


　　　　　　　　　　　：


연탄재와 같이 한번은 불타오를 필요가 있는 것이 사랑만은

## 보케이머션 활동의 목적

자신이 할 일에 대한
깨달음(자각)

보케이머션을 통해 얻고자 하는 것

아닐 겁니다. 직업 특히, 나의 일을 찾는데 있어서도 꼭 불타오를 필요가 있다고 생각합니다. 그런데 무작정 불타오를 수는 없습니다. 어느 날 길을 가다 눈앞에서 이상형을 마주쳐 가슴이 뛰는 것도, 그전에서 자신이 꿈꿔온 이상형의 이미지가 있기에 가능한 것입니다.

일에 대해서도 마찬가지가 아닐까 생각합니다. 마음속에서 하고 싶은 일, 담아 두었던 일을 꺼내 봐야 하고 그것이 없다면 억지로라도 눈앞에 갖다 두고 생각해 보아야 합니다. 무엇이 마음에 와 닿고 무엇이 꺼려지는 것인지 생각해 보아야 합니다. 그런 일을 하는 것이 바로 보케이머션입니다. 내가 선택할 수 있는 여러 가지의 일을 꺼내 놓고 다양한 방법을 통해 그 가능성에 대해 깊게 생각하는 것입니다. 가능성 있는 일에 대해 집중해서 그 일의 의미를 생각하고 자신이 그 일을 한다면 무엇을 우선적으로 고려해 나가야 할 것인지 생각해 보아야 합니다. 그러한 생각을 할 동안에는 다른 일이 떠오르지 않을 정도로 집중하고 하나의 주제로 두 시간이고 네 시간이고 골몰하다 '어느새 이렇게 시간이 지나갔지?'라는 생각이 들어야 합니다.

이렇게 자신의 일에 대해 집중하여 생각을 하면 언젠가 답이 들려오는 경험을 하게 됩니다.

'이 일을 해보자.'

개인에 따라 들려오는 답은 다르지만 무슨 일을 해야 할지 갈피를 못 잡아 답답해하던 이전의 마음이 사라지고 생각이 정리된 듯한 평온한 감정을 느끼게 됩니다. 이것이 보케이머션을 하려는 가장 주된 이유입니다.

진정한 나의 일을 찾기 위해 다양한 가능성을 생각하는 몰입의 활동이 향후 우리가 만들어 갈 새로운 삶의 방향을 알려줄 것입니다.

## 몰입을 이끄는 8가지 실행 방안

보케이머션에는 두 가지의 의미가 있습니다. 하나는 자신에게 맞는 일을 찾아내기 위한 다양한 활동, 즉 일에 대한 정보 수집 활동과 수집된 정보를 가지고 집중적인 사고 활동을 진행하는 전반적인 의미입니다. 또 다른 하나는 궁극적으로 어떤 일을 선택할지를 마음 깊은 곳에서 깨닫기 위해 진행하는 정신적 활동을 의미합니다.

자신에게 맞는 일을 찾아내기 위해 일상생활에서 다양한 활동을 하는 것은 매우 중요합니다. 특히 자신의 일에 대해 깊은 생각을 할 수 있도록 환경을 만드는 것은 더욱 중요합니다. 이 중에는 손쉽게 바로 할 수 있는 것도 있고 마음잡고 준비를 해야 하는 것도 있습니다.

그럼 몰입 활동을 위해 생활 속에서 어떤 것을 준비해야 할까요? 저는 이것을 '보케이머션 실행 방안'이라 표현하고자 합니다.

**보케이머션의 의미**

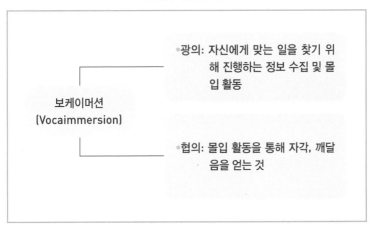

보케이머션
(Vocaimmersion)

•광의: 자신에게 맞는 일을 찾기 위
해 진행하는 정보 수집 및 몰
입 활동

•협의: 몰입 활동을 통해 자각, 깨달
음을 얻는 것

앞서 출판하였던 《다시 일하러 갑니다》에서 나의 일을 찾기 위
한 몰입의 방법으로 6가지의 활동 방안을 이야기하였습니다. 여
기에 '생각하며 걷기' 방법 등을 더하여 여덟 가지의 실행 방안에
대해 말씀드리겠습니다.

**보케이머션 활동 실행 방안**

- 나만의 사색 공간 정하기
- 집중하는 시간 할애하기
- 최대한 편안한 자세로 준비하기
- '무엇을'이라는 내용으로 질문하기
- 주제별로 생각하기
- 끊임없이 자료 찾기
- 생각하며 걷기
- 생각 정리하기

다음 편지부터 8가지 세부 활동 방법에 대해 자세히 이야기해 나갈 것입니다. 개인적인 바람이 있다면 새로운 일을 생각하고 준비하고자 하는 많은 분들이 이 방법을 활용하여 진정으로 자신이 원하는 일을 발견하고, 그 일을 통해 인정받는 것입니다.

## 나만의 사색 공간 정하기

나의 일에 대해 생각하는 공간을 정하는 것은 매우 중요합니다. 본인이 편안하게 생각할 수 있는 일정한 환경에서 생각은 보다 집중될 수 있습니다. 자신이 주로 활동하는 공간 중에서 가급적 가족을 비롯한 타인과 분리가 되고 외부의 소음으로부터 자유로울 수 있는 공간이라면 어디든 좋습니다. 집에서 그러한 공간을 찾을 수 없다면 외부로 눈을 돌려도 좋습니다. 집 주변의 조용한 독서실도 좋습니다. 심지어 상담을 하였던 어떤 고객은 약수터 근처에 작은 텐트를 설치하고 그곳을 자신만의 사색 공간으로 삼기도 하였습니다.

나만의 사색 공간이란 혼자만의 공간을 의미합니다. 생각하는 동안 다른 이의 방해를 일체 받지 않고 신경 쓰지 않아도 되는 공간을 의미합니다. 그렇기 때문에 조용한 공간이긴 하지만 도서관 같은 경우는 가급적 피해야 합니다. 눈을 돌리면 볼거리가 있는 곳에서는 생각을 집중하기가 매우 어렵습니다. 몇 년 동안 지속할 것은 아니지만 자신만의 공간을 만들기 위해 약간의 투자도 필요할 수 있습니다. 가령 비즈니스 센터의 1인 사무실과 같은 경우도 생각해 볼 수 있는 곳입니다.

그리고 또 하나 생각하여야 할 것은 바로 조용한 환경을 만들어야 한다는 것입니다. 이를 위해 사색하는 동안에는 휴대전화를 꺼두시는 것을 권합니다. 휴대전화를 켜놓을 경우에는 비록 묵음이나 진동으로 해놓고 전화나 메시지를 확인하지 않는다고 다짐하여도 전화나 메시지가 오면 자연스럽게 눈이 가게 되어있습니다. 메시지나 전화 때문에 지금까지 생각해 왔던 활동을 일순간에 무너트릴 수 있습니다. 텔레비전이나 라디오를 꺼놓아야 하는 것도 같은 맥락입니다.

스스로가 통제하기 어려운 환경에서 최대한 멀리 떨어져 있는 것이 나만의 사색 공간 정하기에서 가장 중요합니다. 다만 개인적인 취향에 따라 음악을 틀어 놓는 것은 선택 가능합니다. 음악이 집중도를 높이는 수단인 분도 있습니다. 본인이 음악을 들을 때 집중력이 높아지는 분이라면 음악을 틀어도 좋습니다. 그러나 라디오 음악방송과 같은 것은 추천하지 않습니다. 자신이 선곡한 음악으로 국한할 필요가 있습니다. 앞으로 무엇이 나올지 궁금해하거나 신경을 쓸 가능성이 있는 것은 회피할 필요가 있습니다.

| 요약정리 | **나만의 사색 공간 정하기**

- 외부의 영향을 받지 않는 곳으로 정한다.

- 개방된 공간은 피한다.

- TV, 라디오, 스마트폰, 전화기 등을 해당 공간에서 멀리한다.

- 단, 본인이 정해 놓은 음악을 듣는 것은 개인 취향에 따라 선택한다.

## 생각하는 시간 만들기

앞서 나만의 사색 공간을 정하는 것에 대해 이야기하였습니다. 이번에는 생각하는 시간을 할애하는 방법에 대해 이야기해 보고자 합니다.

이번에 이야기할 부분이 실제 보케이머션 활동에서 가장 중요하면서도 직접 실천하기에 제일 어려운 부분이 아닐까 생각합니다. 그 이유는 바로 하나의 주제를 집중적으로 생각하는 데 많은 시간을 할애해야 하기 때문입니다.

현대를 살아가는 이들은 하루하루를 살아가며 다양한 사고와 의사 결정을 해야 합니다. 그리고 그러한 의사 결정을 빠르게 내리기 위해 다양한 정보를 습득하고 있기도 합니다. 그러나 이러한 생각들의 특성을 보면 단기적인 상황 파악과 생활 속에서 하는 일상적인 의사 결정이 대부분이라는 것을 알 수 있습니다. 즉, 매우 많은 생각들을 하지만 깊이 있는 생각을 그리 많이 하지는 않습니다. 게다가 인터넷의 발달과 스마트 폰의 영향으로 정보의 홍수 속에서 어쩌면 헤엄치는 것이 아니라 허우적거리는 것이 아닌가라는 생각도 듭니다. 우리들이 깊이 있는 생각을 하는 것을 방해하는 상황이 온거죠.

저는 몇 년 전 경북 영주와 안동의 서원을 다녀왔습니다. 도산서원과 소수서원 그리고 묵계서원을 돌아보았습니다. 그때 우리나라에 왜 성리학이 발달할 수밖에 없었는지 어느 정도 이해가 되었습니다. 퇴계 이황 선생은 우리나라보다 외국에서 유교철학을 연구하는 학자들에게 더 높은 평가를 받는다고 들었습니다.

상당히 주관적일 수밖에 없지만 저의 생각을 이야기 하자면 다음과 같습니다. 제가 다녀본 서원이 모든 서원을 대표할 수는 없지만 세 개 서원의 주변 환경은 이루 말할 수 없이 고요하고 평온하였습니다. 전형적인 배산임수에 자리 잡아 자연과 하나되는 느낌이었습니다. 그 서원의 분위기를 한마디로 표현하자면 문을 열면 자연이 보이고 문을 닫으면 책이 보이는 풍경이었습니다. 책을 보는 것 말고는 특별히 할 것이 없었고 책에서 본 것을 정리하기 위해 창문을 열면 항상 말없이 흐르는 강과 묵직하게 서있는 산이 자연스럽게 생각을 정리하게 하는 환경이었습니다.

그러한 천혜의 자연 환경은 마치 시간마저 멈춰 세울 것 같은 느낌이 들었습니다. 거기서 할 것이라고는 생각하는 것 말고는 없어 보였습니다. 한 가지 주제를 갖고 아주 긴 시간동안 생각하여 정리한 학문적 기틀이 있었기에 오히려 중국보다 더욱 발전된 성리학의 이론적 체계를 세운 것이 아닌가 생각합니다.

나다니엘 호손의 소설《큰 바위 얼굴》도 같은 주제를 전한다고 봅니다. 이야기 속의 핵심 인물인 어니스트가 수천수만 년의 풍화작용으로 형상화된 큰 바위 얼굴을 그의 집 앞마당에서 바라보며 대화를 나눈 것은 바로 자신을 돌아보는 사색의 활동이었다고 생각합니다. 이러한 사색과 명상이 결국은 그가 그토록 기다리던 큰 바위 얼굴과 같은 인물이 되게 하는 결정적 역할을 한 것이 아닐까요?

깊은 생각은 한 사람의 인생을 매우 의미 있게 변화시킬 수 있습니다. 이제는 그러한 생각을 할 수 있도록 시간을 할애해야 합니다. 특히 두 번째 직업을 찾고자 할 때인 지금 이 시점에서는 반드시 필요한 활동입니다.

그럼 어떻게 시간을 할애해야 할까요? 처음부터 시간을 많이 할애한다고 하여 효과를 보기는 어렵습니다. 차근차근 생각하는 시간을 늘려나가는 연습이 필요합니다.

[깊이 생각하기 연습1]의 워크 시트를 활용하여 나의 생각의 불연속성을 확인해 보는 것도 처음 생각하기 연습을 할 때 매우 좋은 자료가 될 것입니다.

### 깊이 생각하기 연습 1

떠오르는 일에 대해 기술하시기 바랍니다.

- - - - - - - - - - - - - - - - - - - - - - - - - - - - - - - - - - - - - - - - - - - - - - - - - - -

1. 두 눈을 감고 위에서 기술한 직무를 수행할 때의 자신의 모습을 그려 보십시오.
2. 그 일을 하기 위해 무엇을 해야 하는지 생각하십시오.
3. 10분간 위에서 기술한 직무에 대해 집중하시기 바랍니다.
4. 10분이 지나면 다음의 질문에 대해 생각해 보시기 바랍니다.

진행하는 동안 의도한 생각 외의
다른 생각을 몇 번 하였습니까?

약 10분 정도의 시간을 할애하여 자신이 생각하는 여러 가지 일 중에서 한 가지 일을 선택하고 그 일을 한다는 가정하에 무슨 준비를 해야 하고, 어떤 점검을 해야 하는지 생각해 보시기 바랍니다. 이 연습은 어떤 결론을 내고자 하는 것이 아니라 얼마나 많은 다른 생각들이 불현듯 스쳐지나가 정작 의도한 생각을 덮어 버리는지를 확인해 보고자 하는 것입니다.

이 같은 연습을 상담에서 적용해 보았을 때, 당시 다른 생각을 하지 않고 오직 한 가지 주제만 생각하였다고 이야기하는 분은 단 한 명도 없었습니다. 이는 10분이 아니라 5분으로 시간을 더 짧게 주었어도 마찬가지였습니다.

그러나 산만하게 여러 생각을 하던 분들도 깊이 생각하기 연습을 꾸준히 진행했을 때, 10분, 20분, 30분 그리고 한 시간, 두 시간 이상을 한 가지 주제만 생각할 수 있는 능력을 갖게 되었습니다. 이 글을 읽고 있는 독자 여러분도 한 가지 주제를 갖고 긴 시간 동안 생각할 수 있는 능력을 가질 수 있다고 생각합니다.

그렇다면 언제 깊이 생각하기를 진행하는 것이 좋을까요? 개개인마다의 특징이 있으니 각자가 생각할 때 가장 편안한 시간이 있을 것이라 생각합니다. 그 시간을 정해 꾸준히 진행하는 것이 좋다고 생각합니다. 개인적인 경험에 비추어 보자면 잠에서 깨어나 정신이 어느 정도 들어오는 이른 아침시간이나 잠자기 바로 전 시간과 같이 마음에 여유가 있는 시간이 좋다고 생각합니다. 그 시간은 새로운 시작을 하거나 하루를 마감하는 시간이기 때문에 다른 때 보다 생각을 정리할 수 있는 마음의 의지가 생기는 시간입니다.

그리고 시간을 할애하게 되면 적어도 하루에 1시간 이상을 투자하여 생각하는 데 집중할 수 있도록 노력해야 합니다. 가장 효과적인 방법은 핵심 업무 이외의 시간 모두를 활용하는 것입니

## 깊이 생각하기 연습 2

아래에 본인이 생각한 일에 대해 기술하시기 바랍니다.

1. 두 눈을 감고 기술한 직무를 수행할 때의 자신의 모습을 그려 보십시오.
2. 해당되는 직무를 수행하기 위해 요구되는 능력은 무엇인지 생각하십시오.
3. 요구되는 능력을 성취하기 위해 무엇이 필요한지 생각하십시오.

생각이 정리되면 오늘 생각한 내용의 느낌을
간단히 적어 보십시오.

다. 사람의 마음이란 것이 한 분야에 집중하면 집중할수록 결과를 만들어 내는 속도가 더욱 빨라 지기 때문입니다.

[깊이 생각하기 연습 2]는 실제 자신이 생각하는 일에 대해 깊이 있게 생각해 볼 수 있도록 준비된 워크 시트입니다. 생각을 하면 고구마 줄기를 뽑을 때 주렁주렁 고구마가 올라오듯 여러 가지 연계된 생각이 떠오르게 됩니다. 어느 정도 생각이 정리되면 이에 대해 정리하는 작업도 하시기 바랍니다. 이러한 일련의 활동

이 차후 자신의 일을 선택하는 데 중요한 참고가 될 수 있습니다.

---

| 요약정리 | 생각하는 시간 만들기

- 처음엔 여러 잡념이 생기는 것이 당연하다는 것을 이해한다.
- 생각을 할 때는 한 가지 생각에 집중할 수 있도록 노력한다.
- 5분, 10분, 30분, 한 시간, 그 이상까지 한 가지 주제를 갖고 생각하는 시간을 점차적으로 늘려 간다.
- 한 가지 주제를 통해 떠오르는 생각의 연속선상을 따라 가도록 한다.

## 편안한 환경 조성하기

'그래, 그거구나. 그렇게 하면 되겠어.'

이러한 깨달음을 느낄 수 있는 때는 언제일까요? 주로 풀기 어려운 문제를 갖고 고도의 집중적인 활동을 계속하다 긴장이 풀어졌을 때 자각의 경험을 하는 것을 많이 보았습니다.

편안한 자세로 생각을 하다보면 자기도 모르게 잠드는 경우가 종종 있습니다. 그런데 잠시 잠든 동안에 떠오르지 않았던 고민거리에 대한 해결 방안이 불현듯 생각나는 경우가 있습니다. 특히 매우 긴 시간에 걸쳐 고민하였지만 해결하지 못했던 복잡한 문제일 때가 많습니다.

이는 무의식의 저장 공간에서는 이미 존재하고 있었던 문제의 해결 방안이 의식과 무의식의 경계가 희미해지면서 우리가 인식할 수 있는 생각으로 활성화되는 경우로 설명할 수 있습니다.

이는 의식의 경로에서는 마땅한 해결 방안을 찾기 어렵더라도 무의식의 세계에서는 이미 해결 방안을 갖고 있는 경우가 있다는 의미입니다. 이는 뇌의 활동 원리 중에서 우리가 매우 신비롭게 생각하는 분야이기도 합니다(이 부분은 차후 뇌 과학의 영역을 다룰 때 보다 자세하게 이야기해 보겠습니다).

이 말은 어쩌면 문제에 대한 답은 이미 우리 안에 있다는 말과도 궤를 같이하는 표현입니다. 다만 그 해답을 끄집어내기 위해서 보케이머션 활동과 같은 몰입의 시간이 전제되어야 합니다. 자각의 경험은 간단한 고민을 할 때 얻어지는 것이 아닙니다. 간단한 고민은 잠시만 생각하면 바로 대응 방안이 나옵니다. 수학 문제로 치자면 23+12가 합리적 연산 과정을 거쳐서 바로 35라는 답을 낼 수 있는 것과 같습니다. 그러나 인생 일대에 거친 문제라든가 긴 시간 동안 고민하여도 뾰족한 답이 나오지 않는 문제는 합리적 연산과정만으로 답을 구하기가 쉽지 않습니다. 바로 그러한 문제에 몰입을 통한 시간 투자가 필요한 것입니다.

보케이머션 활동이 바로 그것입니다. 일 선택 문제에 대해 다양한 가능성을 검토하고, 집중하여 생각하는 과정이 꼭 필요합니다. 그리고 마음 깊은 곳에서 영혼의 울림처럼 답이 떠오르는 기회를 잡기 위해선 의식과 무의식의 경계를 넘나드는 경험을 갖는 것이 중요합니다. 이러한 경험을 하기 위해서는 최대한 편안한 자세를 취한 상태에서 생각을 하는 것이 필요합니다.

두 번째 직업을 생각하는 활동은 매우 높은 집중도를 요합니다. 그렇기 때문에 육체의 긴장도를 풀어주는 것이 중요합니다. 몸이 피곤하면 마음도 집중도가 떨어지고 산만해집니다. 스포츠 마사지를 받으면 경직된 근육이 풀어지면서 마음도 개운해지는 것을 경험해 보았을 것입니다.

같은 이치로 몸을 편안하게 만들어 줌으로써 한 가지의 생각에 집중할 수 있는 환경을 만들 수 있습니다. 이러한 환경 조성이 차후 의식과 무의식의 경계를 넘나들게 하는 데 기본적인 도움을 줄 것입니다. 목과 팔을 기댈 수 있는 편안한 의자가 있다면 그것을 적극 활용하시길 바랍니다. 그러한 의자가 없다면 소파나 편안한 쿠션을 활용하는 것도 한 가지 방법입니다.

또한 생각에 집중하다 보면 졸릴 수 있습니다. 잠시 잠들 것을 대비하여 몸이 불편하지 않을 편안한 환경을 만들어 놓는 것이 중요합니다. 그렇다고 아예 자리를 깔고 눕는 것을 말하는 것은 아닙니다. 앉아서 생각을 하다 그 자리에서 자신도 모르게 잠시 잠들 수 있다는 생각을 해야 합니다.

어쩌면 이 글을 읽는 독자분들 중에서도 생각하다 잠시 잠이 들었는데 순간 눈이 떠지며 '아, 그래 이 일을 해야겠구나!'라는 생각이 드는 분이 있을 것입니다. 그 경험을 꼭 하시기 바랍니다.

**| 요약정리 | 편안한 환경 조성하기**

■ 생각할 수 있는 환경을 최대한 편안하게 조성한다.

■ 목받침이 있는 의자를 준비하거나 쇼파, 쿠션 등을 활용한다.

■ 생각하다 잠시 잠들 수도 있다고 생각하고 환경을 미리 준비한다.

## '무엇을'이라는 내용으로 질문하기

앞서 환경적인 면에서 보케이머션 활동하는 방법을 이야기했습니다. 이번에는 어떤 방법으로 나의 일에 대해 질문을 할지에 대해 이야기해 보겠습니다.

사실 자신이 앞으로 무엇을 해야 할지에 대해 생각하지 않는 사람은 없을 것입니다. 이 편지를 읽고 있는 분들도 이미 자신의 일에 대해 많이 생각하고 있는 분이라 생각합니다. 하지만 중요한 것은 '어떻게 생각하느냐' 입니다. 그럼 보케이머션에서는 어떤 방법으로 생각을 하는지 이제부터 이야기해 보도록 하겠습니다.

다음의 말은 조직을 나올 시기가 되었을 때 많이 들어본 내용입니다.

"퇴직이 얼마 남지 않았습니다. 이제는 당신의 일을 준비하세요."

질문을 드리겠습니다. 어떻게 해야 할까요?

답을 생각하기 위해 잠시나마 고민하셨으리라 생각합니다. 그렇지만 방금 위에서 한 질문은 실제 퇴사를 앞두고 스스로에게 묻기에는 올바르지 않은 질문입니다. 왜 그럴까요?

'어떻게'라는 내용이 들어가는 질문 보다는 '무엇을'이라는 내용이 구성된 질문으로 바꾸어서 진행할 필요가 있습니다. 즉, "어떻게 해야 할까요?"라는 질문이 아닌 "무엇을 해야 할까요?"라는 질문으로 바꾸어서 진행해야 한다는 것입니다.

사실 '어떻게'나 '무엇을'이나 그 내용엔 별 차이가 없는 것처럼 보이지만 분명한 차이가 있습니다. 적어도 생각의 흐름면에서는 확연한 차이가 다음과 같이 나타나게 됩니다.

"퇴사 이후 어떻게 해야 할까요?"라는 물음에서 우리 생각의 흐름은 '어떻게'라는 부분에 집중을 하게 됩니다. 그리고 당장의 상황을 모면할 수 있는 방안을 찾게 됩니다. 나아가 이러한 '어떻게'라는 질문은 수동적이고 미봉책의 해결 방안으로 귀결되는 경우가 많습니다. 그리고 문제가 제대로 해결되지 않을 것에 대한 걱정으로 반복적인 악순환에 빠지게 되는 경우도 종종 있습니다. 그렇다면 '어떻게'라는 질문 대신 '무엇을'이라는 단어로 바꾸어서 질문을 하게 되었을 때는 어떠한 결과가 나오게 될까요?

"은퇴 이후 무엇을 하면 될까요?"라는 질문에서 우리 생각은 현 상황을 해결하기 위한 구체적인 내용을 찾는 방향으로 흐르

## [어떻게]와 [무엇을]의 차이

| 불안<br>초조<br>두루뭉실<br>포괄적 | 확고<br>안정<br>정확<br>구체적 |
|:---:|:---:|
| 은퇴 이후 미래 설계에 대해<br>'어떻게'로 질문할 때 | 은퇴 이후 미래 설계에 대해<br>'무엇을'으로 질문할 때 |

게 됩니다. '무엇을'이라는 질문 앞에서 사람들은 구체적인 해결 방안을 찾고자 노력하게 됩니다. 실제로 무엇을 할 것인가를 현실적으로 바라보는 것입니다. 이를 통해 명확하지 않았던 문제들에 대해 구체적인 행동 방안을 수립하고 실천해 나가기 위한 방법을 찾게 되는 것입니다.

실제로 퇴직을 앞둔 분에게 '무엇을'이라는 질문은 상당히 영향력이 있는 질문입니다. "은퇴 이후 무엇부터 준비할 예정인가요?", "지금 무엇이 가장 중요한 문제라고 생각하십니까?", "무엇이 선생님께는 가장 중요한 가치입니까?"와 같은 질문이 '무엇을'과 관련된 질문입니다. 이것들이 퇴직 이후 일 선택을 위한 상담을 진행할 때 효과적인 질문입니다. 상담을 받는 많은 분들이 이 질문에 대해 바로 답을 하기는 어려울 수 있습니다. 그렇지만 이내 질문을 받고 얼마 시간이 지나지 않아 그 답을 찾게 됩니다.

그러나 이것을 '어떻게'라는 질문으로 바꾸어서 한다면 그 답을 찾는 것이 매우 어려워져 상담이 끝날 때까지 해결책을 찾지 못할 수도 있습니다. 그것은 바로 '무엇을'이라고 질문할 때는 내가 적극적으로 해답을 찾아 대답해야 할 것 같지만 '어떻게'라고 질문을 할 때는 포괄적이고 두루뭉실한 대답을 하면 될 질문으로 마음에서 인식하기 때문입니다. 이것이 바로 '무엇을'이라고 질문을 해야 하는 중요한 이유입니다.

---

**| 요약정리 | '무엇을'이라는 내용으로 질문하기**

- '어떻게'라는 질문은 현 상황을 모면하기 위한 방안을 내놓는 경우가 많음을 기억한다.
- '무엇을'이라는 내용의 질문을 통해 보다 구체적인 답안을 만들어 나가도록 노력한다.

## 주제별로 생각하기

자신의 일에 대해 생각을 할 때는 한꺼번에 여러 가지를 생각하는 것 보다는 한 번에 한 가지 주제를 갖고 생각을 하는 것이 매우 중요합니다.

'앞으로 나는 무엇을 할 것인가'라는 대주제 속에서 소주제를 정하는 것이 필요합니다. 그렇게 하기 위해서는 생각할 내용을 하나하나씩 정해놓아야 할 필요가 있습니다. 그리고 생각할 내용을 정하기 위해 끊임없는 자료 찾기 활동을 통해 본인이 선택 가능한 일의 영역에 대한 정보를 확보하는 것이 필요합니다.

생각할 소주제를 정할 때, 고려해야 할 것은 바로 나의 가치를 어디에 두었는지에 대해 본인의 생각을 정리해야 합니다. 가족과 함께 할 수 있는 시간을 더 많이 갖는 것을 가치의 중심에 둘 수도 있습니다. 금전적인 수익 향상에 중심을 둘 수도 있고, 사회적 공헌에 의미를 둘 수도 있습니다. 각자 중요하다고 생각하는 가치

## 주제 선택의 예

- 나는 오늘 직업상담사가 무슨 일을 하는지 생각해 본다
- 공인행정사 자격증을 준비한다고 했을 때 무엇을 처음에 해야 하는지 생각해 본다
- 부동산 중개업을 할 때 개업 장소로 선택할 중요한 요소는 무엇인가?
- 바리스타 자격을 취득한 후 나는 추가적으로 무엇을 해야 하는가?
- 경력을 살려 재취업을 하려고 하는데 누구를 만나서 정보를 얻는 것이 효과적인가?
- 프랜차이즈 창업을 하려 하는데 창업자의 기본 소양은 무엇인가?
- 자본금 3억을 갖고 할 수 있는 일에는 무엇이 있을까?
- 향후 6개월간 무엇을 하는 것이 의미가 있을까?
- 영어 공부를 하는 것이 나의 일을 준비하는데 있어 어떤 도움을 줄까?
- 재직 기간 동안 취득한 금융 관련 자격증을 활용해서 할 수 있는 일은 무엇인가?

는 다를 수밖에 없고 무엇이 좋고 나쁘다고 말할 수 없습니다.

생각할 주제는 여러 가지가 있습니다. 위에 있는 주제 선택의 예들을 참고해서 나는 어떤 주제로 생각을 할지 준비해 보시기 바랍니다.

이렇게 주제별로 생각하기를 진행하다보면 처음 시작한 질문에 이어서 또 다른 영역으로 생각이 확장되는 것을 느낄 수 있습니다. 즉, 생각이 생각을 낳고 그 생각이 또 다른 생각으로 확장되

는 것입니다. 시골에서 고구마를 키워 본 분은 고구마 수확을 할 때 고구마 줄기 한 개를 잡아당기면 줄거리에 달려 있는 고무마가 줄줄이 땅속에서 딸려 올라오는 것을 경험해 보았을 겁니다.

주제를 정하여 생각하기를 진행하다보면 생각이 연속적으로 확장해 나가는 것을 느낄 수 있습니다. 이러한 생각의 확장을 통해 처음엔 5분, 10분도 하기 어려웠던 생각이 나중에는 한 시간 두 시간 이상도 자연스럽게 할 수 있게 되는 것입니다. 그리고 이러한 생각 활동을 통해 자신이 선택할 수 있는 수많은 가능성에 대해 검토해 볼 수 있게 되는 것입니다. 이것이 나중에 스스로 '자각'이라는 경험을 할 수 있는 중요한 전제 조건이 되는 것입니다.

---

**| 요약정리 | 주제별로 생각하기**

- 생각하기를 시작할 때 생각할 주제를 먼저 정한다
- 나의 일을 찾기 위한 대전제를 두고 그 안에서 생각 가능한 다양한 주제를 골라 생각을 진행한다
- 주제별로 떠오르는 다양한 생각의 연속성을 있는 그대로 받아들인다

## 끊임없이 자료 찾기

생각이 만들어지는 뇌 신경회로의 기본 특성 중 하나는 반응을 한다는 것입니다. 반응은 뇌와 연결된 각종 감각 수집체로부터 오는 여러 가지 신호를 인식하는 것이라 말할 수 있습니다. 뇌는 이러한 다양한 감각을 종합하여 정리하고 지금까지 경험한 논리체계를 바탕으로 결론을 내리게 됩니다.

때문에 생각하는 기능을 담당하고 있는 뇌에게 다양한 자료를 입력해 줄 필요가 있습니다. 적은 자료를 가지고는 제한적인 결론을 만들 수밖에 없습니다. 한 사람이 살아오면서 경험한 삶의 내용은 이루 말할 수 없이 방대한 양입니다. 이것을 기계적 언어로 달리 표현하자면 모든 삶의 내용이 데이터(Data)인 셈입니다. 이 데이터에는 쓸모없는 것도 있지만 의미 있는 자료도 많이 있습니다. 보케이머션에서 중요한 것은 깊은 생각을 통해 여러 가지 가능성 중에서 진정한 나의 일을 찾는 것입니다. 그러기 위해

70

서는 다양한 가능성이 있는 데이터를 뇌 속에 입력해 줄 필요가 있습니다.

우리는 지난 수십 년을 살아오면서 다양한 경험들을 이미 뇌 속 깊은 곳에 기억이라는 방법을 통해 저장해 두고 있습니다. 그 자료는 들어내어 쓰여질 때도 있지만, 어떤 기억은 마치 깊은 바다에 잠겨진 난파선처럼 가라앉은 이후 한 번도 그 실체를 보여주지 않을 수도 있습니다. 그런데 그러한 가라앉은 기억들이 나의 일을 찾아내는 데 매우 중요한 단초 역할을 하기도 합니다. 그렇기 때문에 이러한 가라앉은 기억을 실제 수면 위로 올리기 위한 노력이 필요합니다. 즉, 뇌 신경회로가 구석에 숨겨진 데이터들을 불러오고, 이것을 종합하여 생각할 수 있도록 해야 합니다.

그러기 위해서는 '나'를 중심으로 엮어져 있는 일에 대한 여러 가지 자료들을 정리해서 뇌신경에 입력해 주어야합니다. 이러한 작업은 한 개인의 삶에 대해 다각도로 검토하여 자료를 정리해 나가는 것이라고 말 할 수 있습니다. 자료의 정리는 가급적 한 곳에 모아서 하는 것이 좋습니다. 자료가 이곳저곳에 산재해 있다면 그것을 찾는데 시간이 많이 걸려 생각을 깊이 있게 하는 데 방해를 주기 때문입니다.

자료를 모을 때는 다음의 세 가지를 염두에 두고 진행해야 합니다.

첫째, 개인 인생에 대한 자료 수집입니다. 개인의 삶에 관련된 자료는 매우 다양한 것들이 있습니다. 수첩, 명함, 일기장, 앨범, 편지, 상장, 감사패, 유니폼, 책, 동영상 자료 등입니다. 경험에 대한 기억을 되돌릴 수 있는 매개체가 된다면 어떠한 것이라도 데이터로 활용할 수 있습니다. 이것을 정리하고 기억을 되돌려 어떤 직무를 수행하였는지 생각하고, 그때의 마음 상태와 육체적 건강 상태 등을 떠올리며 뇌에 인식을 시키는 작업을 진행합니다.

둘째, 직무를 수행하고 있는 사람들을 만나 정보를 수집하는 방법입니다. 주변에서 일을 하고 있는 분들의 이야기를 들어 볼 필요가 있습니다. 책이나 뉴스에서 많은 정보를 수집할 수 있지만 직접 일을 하고 있는 사람들에게서 들은 정보도 매우 중요합니다. 여러 가지 가능성을 염두해 두고 일하는 사람들을 다양하게 만나볼 필요가 있습니다. 특히 자신이 관심을 갖고 있는 분야가 있다면 해당 분야의 직무를 수행하는 사람을 여럿 만나서 이야기를 나누어 볼 필요가 있습니다.

셋째, 주변에서 접할 수 있는 일에 대한 정보를 꾸준히 수집하는 것입니다. 우리나라의 직업의 숫자는 약 1만 5,000개가 넘을 정도로 다양합니다. 비록 그 모든 것을 확인할 수는 없지만 본인이 일했던 곳의 주변 환경, 신문, 방송, 인터넷, 다른 직종에 종사하고 있는 사람과의 만남 등을 통해 일들에 대해 주의 깊게 살펴

볼 필요성이 있습니다. 시대적 필요에 의해 새로 만들어지는 직업이 있고 점차 그 필요성이 감소되어 사라지는 직업도 있습니다. 일에 대한 정보를 정리하여 특별히 마음에 와 닿는 일에 대해서는 더욱 구체적으로 확인해 나가도록 합니다. 다양한 직업들 속에서 앞으로 내가 진행할 일을 선택한다면 보다 적극적으로 자료를 수집할 수 있을 것입니다.

| 요약정리 | **끊임없이 자료 찾기**

- 자신이 살아온 경험 데이터를 수집한다(이력서, 상장, 일기, 사진 등)
- 자기 주변에서 일하고 있는 사람들을 만나 정보를 수집한다
- 다양한 직업 정보를 수집한다(인터넷, 신문, 뉴스)

## 생각하며 걷기

서양 철학에서 유명한 임마누엘 칸트가 산책을 하기 위해 나타나면 동네 사람들은 당연히 오후 3시가 되었다고 생각하고 시계를 맞추었다고 합니다. 칸트가 산책을 한 이유가 시간을 맞추기 위해서는 분명 아니었을 겁니다. 자신의 생각을 정리하기 위해 앉아서 책을 보는 것뿐만 아니라 활동하는 것도 함께 필요하다는 것을 알았기 때문입니다.

생각하며 걷는 활동을 하면 여러 가지 의미 있는 효과가 있습니다. 그중에서 가장 대표적인 것은 심리적 안정과 스트레스 완화 그리고 집중력 향상입니다. 마음을 정리할 수 있고 특정한 공간에서 정적인 활동과 병행하였을 때는 우리가 기대할 수 있는 효과가 극대화될 수 있습니다.

생각하며 걷는 활동은 다음의 몇 가지 원칙을 갖고 진행해야 합니다.

**첫째, 가급적 조용한 곳을 찾아서 코스를 정한다.**

생각에 집중할 수 있는 산책코스를 개발할 필요가 있습니다. 사람이 많이 다니는 길과 같은 번화가는 시각적 영향으로 집중하기가 쉽지 않습니다. 가급적 조용한 공원이나 약수터가 있는 낮은 산 주변을 정하시면 좋습니다.

**둘째, 새로운 산책로를 개척하려 하지 말고 한번 정한 코스를 꾸준히 반복한다.**

오늘은 어디로 갈까 고민하는 것 보다는 한 코스를 정해서 꾸준히 진행하는 것이 중요합니다. 새로운 구경거리를 찾는 것이 아닌 만큼 주변 환경에 시선이 돌아가지 않도록 하는 것이 생각을 하는 데 큰 도움을 줄 수 있습니다.

**셋째, 지속적으로 진행한다.**

일주일에 한두 번 하는 것 보다는 매일 시간을 정해 놓고 꾸준히 하는 것이 아주 중요합니다. 몸에는 생체리듬 시계가 내장되어 있다고 합니다. 무엇이든 꾸준히 진행했을 때 효과가 보다 크게 나타납니다. 나의 일을 찾기 위한 활동으로 산책을 하는 것이니 소기의 목표를 달성할 때까지 꾸준히 진행해 나가길 권합니다. 덤으로 건강도 좋아질 겁니다.

**넷째, 산책을 하면서도 생각을 계속 정리한다.**

생각하며 걷는 이유는 명확합니다. 산책을 통해 여러 가지 산재한 생각을 정리해 나가는 데 그 목표가 있습니다. 책상에 앉아서 생각을 하는 것과 함께 몸을 움직이며 생각하는 활동은 뇌에 보다 큰 효과를 제공합니다.

우리의 몸은 마음과 어떠한 방법으로든 연결되어 있습니다. 그렇기에 몸이 어떤 활동을 하느냐는 자연스럽게 마음의 활동과 연결되어 있습니다. 우리가 생각하며 걷는 활동을 통해 기대하는 것은 다양한 방법을 통해 마음에 영향을 주어 나의 일에 대해 보다 집중해서 생각해 보자는 데 있습니다.

| 요약정리 | 생각하며 걷기

- 가급적 조용한 곳을 찾아서 코스를 정한다.
- 새로운 산책로를 개척하려 하지 말고 한 번 정한 코스를 반복한다.
- 지속적으로 진행한다.
- 산책을 할 때, 생각을 계속 정리하며 걷는다.

# 생각 정리하기

'생각 정리하기'는 보케이머션 활동의 마지막 단계이며 하이라이트라 말할 수 있습니다. 이 과정이 잘 진행되어야 자신에게 의미 있는 일이 무엇인지 발견할 수 있기 때문입니다.

우리가 보케이머션 활동을 통해 얻고자 하는 것은 결국 '나의 일은 무엇인가'입니다. 물론 할 수 있는 일은 다양합니다. 그러나 앞으로 할 일은 그 다양한 일 가운데 한 가지를 선택하는 것입니다. 최종적인 의사 결정을 하기 위해 지금까지 생각하였던 여러 가지 가능성에 대해 차분하게 정리를 진행해야 합니다.

생각을 정리하는 데 기록하는 것은 매우 효과적입니다. 머릿속으로만 여러 가지 일을 정리할 경우에는 빠르기는 하지만, 해당되는 내용을 각인시키기에는 매우 약합니다. 일정 시간이 지났을 때는 매우 강렬한 것이 아닌 이상 본인이 무엇을 했는지도 기억하지 못하는 경우가 많습니다.

이러한 이유로 기록을 하는 작업은 생각을 정리하는 과정에서 매우 필요한 작업입니다. 기록을 하는 일련의 과정을 살펴보면 제대로 글을 쓰기 위한 논리적 사고가 먼저 선행됩니다. 떠오르는 생각을 머릿속으로만 정리할 때는 자유로운 왜곡과 확장이 가능하기 때문에, 실제적으로는 비논리적인 내용임에도 불구하고 생각 속에서는 아주 그럴싸하게 인식됩니다. 뿐만 아니라 앞에서도 언급한 것과 같이 강력한 각인이 아니고서는 일정 시간이 지난 뒤에 그 생각을 다시 떠올리는 것은 매우 어렵습니다.

기록 활동의 가치는 생각을 논리정연하게 정리하는 기능과 함께 그 생각을 강화시켜 차후 이전 기억을 보다 빠르게 떠올릴 수 있도록 해준다는 데 있습니다. 시각과 손끝 감각을 통해 기록하기 때문에 생각은 더욱 강력하게 뇌 속에 저장됩니다.

[생각 주제 정리 시트 활용 사례]를 참고하여 본인이 이번 시간에 생각할 주제를 정한 후 생각을 진행하고 시트의 빈 공간에 생각한 내용을 정리하는 활동을 하시길 바랍니다. 워크 시트는 부록에 준비되어 있습니다. [생각 주제 정리 시트]를 통해 자신이 생각한 일에 대해 정리해 보시기 바랍니다.

생각을 정리하는 데 매우 중요한 활동이 한 가지 있습니다. 그것은 바로 반드시 두 눈을 감고 생각 정리를 해야 한다는 것입니다. 그 이유는 두 눈을 감았을 때 집중도가 뛰어나고 다른 사고의

## 생각 주제 정리 시트 활용 사례

이번 시간에 생각할 주제에 대해 기술하시기 바랍니다.

나는 오늘 직업상담사가 무슨 일을 하는지 생각해 본다

• 두 눈을 감고 해당되는 주제에 맞는 생각을 진행하시기 바랍니다.

이번 시간에 생각한 내용에 대해 간단히 정리해 보시기 바랍니다.

예)

— 청소년 진로 상담과 취업 지원 기관에서 취업 정보 제공과 상담을 진행한다.

— 상담을 잘하기 위해선 심리 상담 분야를 배울 필요가 있다.

— 일자리 정보 제공 쪽도 기술이 필요한 것 같은데 나는 그 쪽을 잘 모른다.

— 상담 분야 대학원 진학도 이 일을 배우는 데 필요할 것 같다.

방해에서 벗어날 수 있기 때문입니다.

생각하다 보면 떠오르는 생각이 매우 다양하다는 것을 느낄 수 있습니다. 그렇기 때문에 다양하게 떠오르는 생각을 실제 우리가 필요로 하는 방향으로 유도해 나갈 필요가 있습니다.

생각의 정리를 통해 뚜렷한 방향을 결정짓고, 구체적인 요소들을 고려하며 생각을 발전시켜 나가는 것이 의미가 있습니다.

궁극적으로 우리가 보케이머션 활동을 통해 이루려는 목표인 내일의 발견과 그 일을 하겠다는 의사 결정을 생각의 정리를 통해서 확인할 수 있는 것입니다.

부록에 [생각 주제 정리 시트]를 제공하였습니다. 의미 있는 생각을 진행해 나가는 데 도움이 되길 바랍니다.

| 요약정리 | 생각 정리하기

- 기록할 수 있는 워크 시트를 활용한다(부록 참조)
- 반드시 두 눈을 감고 생각 정리하기를 시작한다

## 일상생활에 응용하기

이번 편지에서는 하루의 일과를 통해 보케이머션을 접목하는 방법을 알려드리고자 합니다. 보케이머션을 일상생활에서 접목하는 방법은 다양합니다. 참고 자료를 보고 나는 어떻게 일상생활에서 스케줄을 짤지 생각해 보시면 좋을 것 같습니다.

보케이머션 활동자의 하루 일과에서 특별히 참고해 보아야 할 것은 [생각 정리하기], [자료 수집 활동], [산책하기] 3가지입니다.

시간 분배를 할 때 생각 정리하기를 집중해서 구성하는 것도 방법일 수 있습니다. 그러나 본 사례에서는 오전, 오후, 야간 시간으로 구분해서 하루에 3번 정도는 생각을 정리하는 시간을 갖도록 하였습니다. 이는 하루를 통틀어 보케이머션에 집중하도록 하겠다는 의지를 반영한 것입니다.

자료 수집 활동에는 다양한 내용이 들어갈 수 있습니다. 인터넷 검색 활동이 들어갈 수 있고 관심 있는 일의 영역에서 활동하

보케이머션 활동자의 하루 일과

| 시간 | 내용 | 시간 | 내용 |
|---|---|---|---|
| 00:00 | 수면 | 12:00 | 중식 |
| 01:00 | | 13:00 | 자료 수집 활동 |
| 02:00 | | 14:00 | |
| 03:00 | | 15:00 | |
| 04:00 | | 16:00 | |
| 05:00 | | 17:00 | 산책하기 |
| 06:00 | | 18:00 | 생각 정리하기 |
| 07:00 | 조식 | 19:00 | 석식 |
| 08:00 | 자유 활동 | 20:00 | 자유 활동 |
| 09:00 | 생각 정리하기 | 21:00 | |
| 10:00 | 자료 수집 활동 | 22:00 | 생각 정리하기 |
| 11:00 | | 23:00 | 수면 |

는 사람을 만나는 것이 될 수도 있습니다. 또는 자신의 이력서를
검토하거나 과거 사진을 정리하는 시간이 될 수도 있습니다. 또

는 자신이 어떤 성향의 소유자인지 알아보기 위한 심리검사를 진행하는 것도 자료 수집 활동에 포함됩니다. 궁극적으로 일을 알아가기 위한 모든 자료 수집 활동을 총망라한다고 말할 수 있습니다.

산책은 정기적으로 하는 것이 좋습니다. 하루에 한 번 정도 몸을 움직이면서 생각을 정리한다는 의미를 갖고 있습니다. 그러므로 산책하기는 [생각 정리하기] 활동의 연장선상에 있다고 말할 수 있습니다. 그러나 정적인 의미에서의 [생각 정리하기]와는 또 다른 의미를 지닌 활동입니다. 그렇기 때문에 산책하기 활동을 계획에서 빼면 안 됩니다.

이와 같이 보케이머션 활동을 하기 위한 참고 활동 사례를 통해 나 자신에게 어떤 방법이 좋을지 생각해 본다면, 매우 효과적인 계획을 만들 수 있을 것입니다.

# 02

---

# 나만의 삶
# 만들어가기

## 꿋꿋이 나아가기

인생에서 여러 일을 겪다보면 바라는 대로 항상 승승장구할 수는 없다는 것을 알 수 있습니다. 어려움과 고난을 극복해야지만 달콤한 열매를 얻을 수 있다는 것을 살아오면서 많이 보았을 겁니다.

우리가 선택한 일에서 최종적인 열매를 얻기까지는 여러가지 일들을 겪게 됩니다. 그 일들 중에는 극복하기 어려운 문제들도 있을 수 있습니다. 금전적인 어려움을 경험할 수도 있고 거래처와의 문제로 기대하였던 납품이 불발될 수도 있습니다.

그러한 어려움에 닥쳤을 때, 자신의 일에 대해 큰 확신이 없을 경우에는 이겨낼 필요성을 느끼지 못하고 쉽게 포기할 수 있습니다. 보케이머션을 통해 우리가 기대하는 것은 어떠한 어려움이 닥치더라도 이를 극복하고 자신의 일을 꿋꿋이 추진해 나가는 굳건한 사람이 되는 것입니다.

여러 가지 가능성 중에서 선택한 일에 대해 스스로가 가치를
부여하고 그 일에서 최고가 될 수 있는 위치에 다가가도록 노력
하는 것 그것이 궁극적으로 진정한 성공을 의미합니다.

여러분이 그러한 모습이 되길 기대합니다.

# 이정표 세우기

우리가 보케이머션 활동을 통해 기대하는 것 중의 하나는 바로 일에 대한 방향성을 정확하게 수립하는 것입니다.

두 번째 직업을 선택해서 살아갈 때 중요한 것이 바로 자신이 하는 일에 대해 방향성을 갖는 것입니다. 방향성을 갖는다는 것은 '자신이 선택한 일을 왜 하는지' 가치를 알고 있는 것입니다.

보케이머션 활동을 통해 자각의 순간을 경험하면 자신이 해야 할 일에 대한 전체적인 그림이 자연스럽게 그려지는 것을 느낄 수 있습니다. 이루고자 하는 목표가 뚜렷해지고 그것을 달성해 나가기 위해 자신이 무엇을 해야 하는지 명확해지는 것을 느낄 수 있습니다. 그렇다고 '몇 월 며칠엔 무엇을 할 것이다' 정도까지 구체적으로 그림이 그려지지는 않습니다. 그러나 인생 전반에 걸쳐 자신이 어떤 방향으로 나가야 할지에 대한 큰 틀의 이정표를 확인할 수 있습니다.

앞으로 자신이 수행해 나갈 일에 대해 가치를 부여하고, 삶의 의미를 느낄 수 있는 방향으로 나아가길 기대합니다.

## 일 속에서 행복감 찾기

자녀가 있는 분들이 공통으로 바라는 것이 하나 있습니다. 자신의 아이들은 진짜 하고 싶은 일을 하면서 행복하게 살아가길 바란다는 것입니다.

하고 싶은 일이란 무엇일까요? 아마도 그것은 다른 사람의 눈치를 보거나 먹고 살기 위해서 어쩔 수 없이 해야 하는 일이 아니라 자기만족에 의해서 일을 하는 것이라 생각합니다.

그런데 왜 그러한 삶을 우리의 자녀에게만 바라는 것일까요? 우리도 자기만족의 일을 하면서 살아갈 수는 없을까요?

저는 그것이 가능하다고 감히 말씀드리고 싶습니다. 보케이머션을 통해 마음이 진정 받아들이는 일을 자신의 일로 선택한다면 그 일 속에서 행복감과 감동을 찾아낼 수 있을 것입니다.

대한민국이 OECD 가입 국가 중 항상 행복 지수가 낮은 국가군에 속하는 원인 중 가장 큰 이유는 아마도 자신의 일에서 행복을 찾고 있는 이들이 많지 않아서 일거라 생각합니다.

서구나 북미의 선진국에 사는 사람들을 보면 분명 우리와는 다른 생활의 여유를 느낄 수 있습니다. 여러 가지 이유가 있겠지만 자신이 하고 싶은 일을 하는 사람들이 많기 때문이라고 생각합니다.

경제적 활동을 유지하기 위해서 또는 가장으로서 책임감을 갖고 일하는 것도 매우 가치있습니다. 그러나 그러한 책임감으로 일하며 살아가기에는 인생은 너무 짧습니다. 그것이 마음 속을 흔드는 두 번째 직업을 찾아야 하는 가장 중요한 이유라고 말할 수 있습니다. 한 번 지나가면 다시는 돌아오지 않는 시간을 부디 자기만족과 함께 경제적인 형편도 함께 고려할 수 있는 일을 하며 보내시길 바랍니다.

성공의 기준이 상당히 획일화되었던 때가 있었습니다. 학창시절에는 공부를 잘하는 것이 성공한 것이었고, 사회에 나와서는 돈을 많이 버는 것이 성공한 것이었습니다. 그리고 자녀가 좋은 대학, 좋은 직장에 취직하면 부모로서 성공한 것이라 생각하였습니다. 그런데 지금은 그것만이 성공의 모든 것이라 말하기는 어렵습니다.

성공한 삶이란 무엇일까요?

성공의 기준은 이제 다양해졌습니다. 그러한 가운데 일이라는 영역에서 성공의 기준은 바로 '자기 자신이 원하는 분야에서 행복하고 열심히 일하고 있느냐'입니다.

대기업을 퇴직하고 새로운 일을 찾기 위해 저를 찾아온 한 분이 있었습니다. 그 분은 그 기업에서 굵직한 임무를 성공적으로 수행하였고 그러한 성공을 바탕으로 임원의 위치까지 오른 분이었습니다. 퇴직한 이후에도 몇몇 기업에서 그 분을 모시고자 하였습니다. 그렇지만 그는 더 이상 기업의 수장으로 돌아가는 것을 선택하지 않았습니다.

그 이유는 바로 그 분이 꿈꾸던 것이 기업 활동을 통해 돈을 버는 것이 아니었기 때문이었습니다. 그는 학교 강의를 새로운 일로 선택했습니다. 학생들을 만나서 자신이 경험한 내용과 지식을 넘겨주는 것을 그의 가장 큰 행복으로 생각한 것입니다.

물론 생활의 여유가 있으니까 가능한 것이 아니냐고 말할 수도 있습니다. 그렇지만 그분은 마음속에서 꿈꾸던 일을 하기 위해 퇴사하기 몇 년 전부터 나름대로 착실히 준비해 왔습니다. 직장을 다니며 대학원을 졸업하였고 본인이 생각한 경로를 가기 위해 여러 대학에 지원한 결과 대학 입학의 꿈을 이루었습니다. 그 분은 자신이 진정 하고 싶은 일을 찾기 위한 보케이머션 활동을 한 사람이었습니다.

이러한 사례가 저는 우리나라에 아주 많아서 셀 수 없을 정도가 되었으면 하는 바람입니다. 직업에서의 성공을 '돈을 많이 벌었는가'로 판단하지 않고 '진정 자신이 만족하는 일을 하고 있는가'로 생각하는 사람이 많아지길 바랍니다.

여러분도 진정으로 만족하는 일을 하며 성공적인 삶을 살아가길 바랍니다.

# 03

---

# 자각이
# 이루어지는 과정

# 깊은 사색 속에서 무언가 발견한 적이 있나요?

어느날 지금까지 하던 일을 접고 새로운 무언가를 찾아야 하는 상황이 되었습니다. 앞으로 무엇을 하며 살아가야 하는가에 대한 고민을 하며 불면의 밤을 지새우게 됩니다. 그리고 어느 순간 깨달음을 얻고 결심을 하게 됩니다. 이러한 의사 결정은 어디서 이루어지는 것일까요?

바로 뇌 속에서 이루어집니다. 단단한 두개골로 보호되고 있는 뇌는 지난 시간의 자료를 찾아 정리하고 그 안에서 새로운 가능성을 발견합니다. 이러한 뇌의 사고하는 기능은 인간을 인간답게 만드는 핵심 기능이라고 볼 수 있습니다.

지금까지 연구를 통해 뇌 속에서 진행되는 의사 결정의 패턴이 밝혀졌습니다. 이를 잘 이해하고 응용해 나갈 수 있다면, 중요한 결정을 보다 효과적으로 할 수 있습니다.

이제부터는 의사 결정의 과정에서 뇌가 어떻게 사고를 진행해 나가고, 이를 통해 사고 과정에서 과거의 경험들을 왜 필요로 하는지를 알아볼 것입니다.

의사 결정이 이루어지는 뇌의 세계로 여행을 떠나겠습니다. 함께하시죠.

Letter 25

## 의사 결정 과정 이해의 필요성

해결 방법을 찾아내고자 몇 날 며칠을 고민했던 문제가 어느 순간 영감이 떠오르면서 해결의 빌미를 찾게 된 경험을 한 적이 있을 겁니다. 또한 여러 가지 선택의 문제에 당면해 있을 때 어떤 것을 선택해야 할지 깊은 밤을 지새우며 불면의 시간을 보낸 경험도 있을 것입니다. 특히 최종 선택을 할 때, 한 가지를 선택함으로서 어쩔 수 없이 포기할 수밖에 없었던 다른 것에 대해서 나름 이유를 만들고, 포기한 것이 아깝지 않도록 선택한 것에 보다 집중하고자 하였던 경험은 매우 소중한 기억으로 남을 것입니다.

커리어 코칭을 진행하며 만났던 분들은 거의 퇴사 이후의 일에 대해 많은 고민을 하고 있었습니다. 그런데 흥미로운 사실을 상담 중에 발견하게 되었습니다. 새로운 일에 대해 상담 전부터 이미 생각을 많이 하고, 개인적으로 준비를 하고 있던 분들은 새로운 일을 찾아 준비해 나가는 일이 빠르게 진행된다는 것입니다. 왜 그럴까요? 그분들과 대화를 나누다 보면 이해가 될 수 있습니다.

"지금 내 나이가 이제 쉰둘인데 앞으로 회사를 나오게 되면 다시는 취업하기 어려울 것 같다는 생각을 몇 년 전부터 했었죠. 그래서 내가 모아놓은 돈과 퇴직금 중에서 집사람에게 줄 것 말고 장사할 수 있는 돈이 얼마인지 생각해보았어요. 그랬더니 한 2억 정도는 장사 밑천으로 쓸 수 있겠더군요. 그래서 주말이면 집사람하고 그 돈으로 할 수 있는 사업을 찾아 다녔지요. 그리고 일 년 전에 영등포에서 맛이 기막힌 우동 집을 하나 찾아냈어요. 제가 원래 우동을 좋아하기도 하거니와 일본 여행이나 출장을 갈 때마다 우동집들을 다니면서 맛을 비교해 보곤 했는데 그것도 많은 도움이 되더군요. 앞으로 제가 뭘 해야 할지 이제 영감이 오더군요. 지금 당장 창업을 할 것은 아니지만 한 일 년 뒤에는 가게를 열 생각으로 준비하고 있습니다."

상기 내담자의 말에서 볼 수 있듯이 이 분은 상담을 받으러 오기 전에 이미 많은 시간을 할애하여 앞으로의 할 일에 대해서 생각과 조사를 했습니다. 그리고 어느 정도 자신이 할 수 있는 일과 할 수 없는 일에 대해 확실히 구별해 놓았습니다.

여기서 우리가 한번 생각해 보아야 할 것이 있습니다. 그 분이 시간을 내어 시장을 조사하고, 조사된 자료를 바탕으로 여러 경우의 수를 생각하는 동안 그 분의 뇌 속에선 어떤 일들이 진행되고 있었을까요?

우리의 신체가 새로운 일을 찾기 위하여 다양한 활동을 하는 동안 머릿속에서는 보고들은 내용을 정리하는 과정을 진행합니다. 뇌 속에 있는 수없이 많은 신경망이 자극에 대한 반응을 다른 신경망으로 보냅니다. 그리고 이러한 신경 흐름의 일부는 생각을 만들어냅니다.

그렇다면 여러 가지 활동을 통해 모은 새로운 자료를 토대로 판단하는 의사 결정 과정은 어떻게 진행되는 것일까요? 의사 결정 과정을 알아낸다면 우리가 준비해야 할 새로운 일에 대해 생각해 볼 때 보다 효과적인 도움을 받을 수 있지 않을까요?

'아, 그래 이 일을 내가 해야겠구나!'라는 깊이 있는 깨달음을 경험하고, 힘차게 첫걸음을 내디딜 수 있는 '의사 결정'을 내린다면 새로운 일을 진행해 나가는 데 큰 도움이 될 수 있을 것입니다. 그런 사람들의 상당수는 시간이 흘러도 자기가 주체적으로 정한 일을 쉽게 포기하지 않고, 자신의 이름을 성장시켜 나가고 있으며, 다양한 창조적 활동을 병행하기 때문입니다.

새로운 일을 시작하기에 전에 경험한 각성과 자각, 타협의 과정들이 일어나는 부분은 바로 뇌입니다. 뇌 속에서는 다양한 인식의 결과물들이 상호작용을 일으켜 사고를 생성해 내고 발전시킵니다. 태초부터 사고는 인간의 행위를 결정짓는 매우 중요한 것이었습니다. 20세기로 들어서면서부터 이러한 사고 영역의 신비로운 원리를 과학의 틀 안에서 설명하고자 하는 노력들이 시도되었습니다.

그리고 그러한 연구와 노력들이 학문적 성과로서 빛을 보고 있습니다. 이전까지 마음의 문제, 종교의 영역에서 이해되던 것이 과학의 영역으로 들어온 것입니다. 사고의 흐름에 대한 여러 실험이 진행되고, 그 실험 결과들이 몇몇 문제에 대해 설명을 해 주고 있습니다. 뇌과학 영역에서 아직까지 설명하기 어려운 부분이 훨씬 많지만, 지금까지 밝혀진 뇌 속에서 벌어지는 신경회로의 활동을 보면 우리가 인식하고 판단하는 의식에 대한 부분을 어느 정도 설명할 수 있습니다. 자각화 과정과 의사 결정 과정에서 뇌가 활동하는 모습에 대한 실험들을 보면, 의사 결정 과정에서 어떠한 신경회로망이 선택되어 구성되는가에 따라 내리는 의사 결정이 달라진다는 결론이 나왔습니다.

이러한 의사 결정 과정에 대한 이해는 일의 선택과 준비 과정에서도 매우 중요합니다. 한 개인의 의사 결정 과정과 정보 수집 과정에서 진행되는 정보파악, 판단, 결정 등을 이해하는 데 중요한 의미가 될 수 있습니다. 이러한 이해를 바탕으로 직업 선택을 위한 의사 결정을 할 때, 보다 체계적인 트레이닝 준비를 시도해 볼 수 있습니다.

다음 편지부터 뇌에서 자각(또는 영감)과 의사 결정의 과정이 어떻게 진행되는지 더욱 자세히 알아볼 것입니다. 이는 향후 직업 선택을 위한 의사 결정 트레이닝 훈련인 보케이머션을 진행하는 데 도움을 줄 수 있습니다. 그리고 보케이머션을 통해 일을 선택해야 하는 의사 결정 과정의 정점에 있을 때 자기 자각과 상황 인식을 충분히 함으로서 스스로가 합리적 의사 결정의 주인공이 될 수 있도록 할 것입니다.

이러한 시도가 새로운 일 선택 문제에서 보다 효과적으로 의사 결정을 내릴 수 있는 중요한 수단과 도구가 될 수 있음을 실제 경험을 통해서 느낄 수 있도록 합시다. 그러면 인간의 마음과 뇌는 참으로 오묘하면서도 신비로운 시스템을 갖고 있다는 것을 새삼 느끼게 될 것입니다. 이제 신비한 뇌 속으로 잠시 여행을 떠나 보고자 합니다. 우리의 뇌가 어떠한 시스템으로 작동되는지 알면 알수록 신기할 것입니다.

## 뇌의 구조와 기능

뇌의 신기한 세계 속으로 여행을 떠나기 전에 잠시 생물시간에 배웠던 기본 지식을 한번 정리하면 이해가 보다 쉽게 될 것입니다. 세포에 대한 의미를 이해하는 것부터 시작하겠습니다.

우리 몸을 이루는 기본 단위는 세포입니다. 세포는 몸을 이루는 부위에 따라 요구되는 다양한 기능과 역할에 따라 다른 특성을 갖고 있습니다. 그리고 각기 다른 기능을 갖고 있는 여러 세포들이 한데 어울려 우리 몸을 형성합니다. 소화를 담당하는 세포, 감각의 기능을 담당하는 감각 세포, 피부 세포, 골수 세포, 신경 세포 등 그 종류는 매우 다양합니다.

그리고 각 세포별로 생존하는 기간도 상이합니다. 일례로 구강을 구성하는 상피 세포는 약 2주 정도의 생존기간을 갖고 새로운 세포로 대체됩니다. 반면 심근 세포나 뇌 세포 같은 경우는 생명이 잉태된 지 얼마 안 되어 만들어진 세포인데 인간이 죽음을

**뇌의 구조와 명칭**

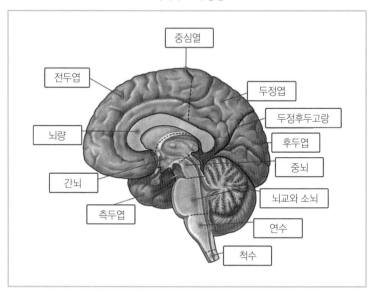

맞이하는 순간까지 유지됩니다.

사람의 뇌는 약 150억 개 이상의 뉴런이라 불리는 신경 세포로 구성되어 있습니다. 신경 세포는 분열하지 않으므로 연령에 관계없이 세포 수가 일정할 뿐만 아니라 재생되지 않습니다(최근 연구 결과 일부의 신경 세포가 재생된다는 연구 보고도 있지만 아직까지는 특정 부위에 국한됩니다).

본격적으로 뇌에 관해 살펴보면, 뇌의 무게는 약 1.5㎏ 정도로 뇌막이라 불리는 얇은 막에 싸여있습니다. 성인의 심장에서 나오는 혈액량의 20%를 받아서 소비 활동을 하고, 폐로 흡입된 산소 중 약 25%를 씁니다. 큰 범주로 대뇌, 소뇌, 뇌간(뇌간은 중뇌, 간뇌, 연수로 보다 구체화됩니다)으로 구분할 수 있으며 각 부위의 역할과 기능은 다음 페이지의 뇌의 구조와 기능 표를 참고하면 됩니다. 구체적인 뇌의 이야기를 진행하기 전 기본적인 뇌의 구조와 그 기능에 대해 알아본다면 보다 수월하게 이해가 될 것입니다.

이러한 뇌의 형태 중 우리가 관심을 갖고 볼 부분은 대뇌피질이라 불리는 영역입니다. 대뇌 양반구의 표층을 형성하는 회백질 부분을 대뇌피질이라 하는데, 유독 인간에게 발달되어 존재하기 때문에 다른 척추동물의 대뇌피질과 구별하여 대뇌신피질이라고 합니다. 보통 우리가 뇌라고 하였을 때 떠올리는 구불구불하고 호두 모양의 형태를 갖고 있는 그 외곽 영역을 의미합니다.

조 디스펜자(Joe Dispenza)의 《꿈을 이룬 사람들의 뇌》에서 이 대뇌신피질에 대한 설명이 자세하게 나와 있습니다.

대뇌신피질은 우리의 인지능력과 창의력의 중추다. 대뇌피질은 우리가 외부 환경을 통해 얻은 경험을 기억하고 학습할 수 있도록 도우며, 행동을 조정하여 좋은 결과를 불러오는 행위를 다음번에 반복하게 만든다.

우리가 논리적으로 생각하고, 계획하며, 학습하고, 기억하고, 창조하고, 분

## 뇌의 구조와 기능

| 구분 | 역할 / 기능 |
|---|---|
| 대뇌 | • 가장 큰 뇌로서 좌반구와 우반구로 나눌 수 있음<br>• 표면은 외질(Gray Matter), 내부는 백질(White Matter) 등으로 구성<br>• 시각, 청각, 후각 등의 감각을 수용하여 분석하고 이것을 운동 신경으로 반응하게 하거나 기억, 사고, 감정 등의 수의 운동(의지에 의한 운동)을 담당<br>• 대뇌피질은 회백질로 수질은 백질로 구성됨<br>• 대뇌피질의 두께는 2-4mm 정도이며 100억 개의 뉴런으로 되어 있음<br>• 주름이 많아 표면적(약 200㎠)과 용량을 크게 함<br>• 중심구와 측구를 경계로 전두엽, 두정엽, 측두엽, 후두엽으로 나눔<br>• 대뇌피질의 기능 :<br>  ㄱ. 운동 영역 - 신체 상부의 근육들은 운동 영역의 아랫부분이 지배, 신체 하부의 근육들은 윗부분이 지배를 함<br>  ㄴ. 감각 영역 - 피부의 일반적 감각(온각, 냉각, 촉각, 압력 감각), 근육 감각, 팔 다리의 위치 감각, 청각, 시각, 후각, 미각, 통각, 장기 감각 등<br>  ㄷ. 연합 영역 - 정신 기능과 관련이 깊은 기억, 상상, 지각, 학습, 이성 및 인격 등의 기능을 주관 |
| 소뇌 | • 자세와 근육의 활동 조절 기능, 운동 과정을 교정하는 기능과 신속한 운동 수행 기능<br>• 소뇌 손상이나 종양이 생기면 근육이 완전 마비되지는 않지만 근육의 긴장도가 전반적으로 저하되고, 힘이 약화되어 기술을 요하는 세밀한 운동을 수행할 수 없음 |
| 중뇌 | • 간뇌 밑에 위치<br>• 안구 운동 및 홍채의 수축·이완에 의한 동공 반사에 관계하고 소뇌와 함께 몸의 평형을 유지하는 중추가 됨<br>• 복측부 - 대뇌에서 하행하는 원심 섬유가 지나가서 대뇌각이라고 함<br>• 배측부 - 대뇌로 흥분을 전달하는 구심 섬유인 감각 섬유들이 지나가는 백질로 구성됨 |

| | |
|---|---|
| 간뇌 | • 중뇌와 대뇌 사이에 있으며 시상과 시상 하부로 나눔<br>• 시상은 모든 감각 신경이 지나는 통로로서, 척수나 연수로부터 오는 흥분이 시냅스에 의해 중계됨<br>• 시상 하부에는 뇌하수체가 붙어 있음<br>• 시상 하부는 자율신경 최고의 조절 중추로서 체온, 삼투압, 혈당량 등을 조절함. 또한 뇌하수체를 지배하여 호르몬 분비를 조절함으로써 내부 환경의 항상성 유지에 중요한 역할을 함 |
| 연수 | • 중뇌 밑에 있으면서 척수와 연결되어 있음<br>• 연수의 백질에서는 뇌와 척수 사이를 연결하는 신경 섬유가 교차하고 있어 대뇌의 좌반구는 우반신을, 우반구는 좌반신을 지배함<br>• 회백질에는 호흡 운동, 심장 박동, 소화 운동 및 소화액 분비 등의 중추와 기침, 재채기, 하품, 구토, 눈물 분비 등의 반사 중추가 있음 |

석하고, 언어로 의사소통하는 이른바 고차원적인 정신기능을 수행하고 있을 때 활동하는 곳이 대뇌신피질이다. 대뇌신피질이 없다면 집이 아무리 추워도 춥다는 느낌만 가지게 된다. 즉, 창문을 닫는다든가 스웨터를 입는다든가 하는 그 다음 행동은 할 줄 모르게 되는 것이다. 대뇌신피질이 있기 때문에 우리는 이 같은 후속조치를 취할 수 있고, 심지어 예전에 산속에서 얼어죽을 뻔했던 기억까지 떠올릴 수 있다. (중략) 대뇌신필질이 뇌에 차지하는 비율(뇌의 2/3)이 그 어떤 동물 종보다 높은 덕분에 인간은 만물의 영장이 될 수 있었다.[1]

---

1 » 《꿈을 이룬 사람들의 뇌》 : 조 디스펜자, 김재일 역, 2009, (주)한언, p133.

**대뇌신피질 4개 영역의 기능**

| 구분 | 기능 |
|------|------|
| 전두엽 | 집중과 같은 의식적인 활동을 담당하고, 뇌의 다른 부분이 담당하는 거의 모든 기능을 조종하는 역할 |
| 두정엽 | 촉각, 시간 공간 감각, 방향 감각, 언어 기능 일부를 조정 |
| 측두엽 | 소리와 지각, 학습, 언어, 기억을 담당하며, 후각의 중추 역할을 함. 여러 생각들 중 어떤 생각을 표현할지 선택하는 능력도 주관 |
| 후두엽 | 시각 정보를 처리. 일명 시각피질이라 불리기도 함 |

대뇌신피질의 영역을 위치에 따라 각각 부르는 명칭이 있습니다. 전두엽, 두정엽, 측두엽, 후두엽으로 4개의 엽(Lobe)이라 하며, 뇌를 정면에서 보았을 때 각각 좌, 우 반구에 같은 모양이 쌍으로 구성되어 있습니다. 4개 엽의 기능은 위의 표를 참고하기 바랍니다.

여기서 우리가 먼지 인지해야 할 것은 해당되는 엽이 반드시 표에서 명시된 그 기능만을 담당하지는 않는다는 것입니다. 뇌의 헤아릴 수 없는 다양한 기능을 현재의 과학으로 모두 정확하게 설명하기는 불가능합니다. 그렇기 때문에 뇌에서 이루어지는 주요 기능을 큰 틀에서 이해하고 습득해야 합니다.

대뇌신피질을 구성하는 4개의 엽 중 특히 전두엽은 인간을 인간답게 만들어내는 특별한 기능이 있는 것으로 보고되고 있습니다. 우리가 인식하고, 사고하고, 고민해 나가면서 최종적으로 의사 결정의 단계에 이르는 그 모든 과정이 바로 전두엽의 활동에 의해서 이루어지고 있는 것입니다. 앞서 예를 들었던 《꿈을 이룬 사람들의 뇌》에서 전두엽에 대한 설명을 아주 자세히 설명해 놓았기에 인용합니다.

전두엽(Frontal Lobes) : 우리가 생각하고 꿈꾸며, 몰입하고 상상하는 능력은 어디서 나올까? 이에 대한 대답은 우리의 이마에 있다. 전두엽은 의식적인 인식의 중추다. 우리가 의식적으로 무언가를 인식할 때 전두엽은 활발한 활동을 보인다. 물론 시각피질과 측두엽, 두정엽 역시 이미지와 개념, 아이디어 등을 만들어낼 수 있다. 하지만 우리가 의도적으로 어떤 생각을 유지할 수 있는 것은 전두엽의 능력이다. (중략)

자유의지는 전두엽을 설명할 수 있는 가장 중요한 단어다. 자유의지와 자율성의 중추인 전두엽 덕분에 우리는 모든 생각과 행동을 선택할 수 있고 삶을 조종할 수 있다. 어떤 열망을 갖거나 창의적인 생각을 할 때 또는 어떤 결정을 내리거나 행동을 추진, 억제할 때 전두엽은 활성화된다. (중략) 전두피질은 가장 고차원적인 의식과 인지능력과 관련되어 있는 영역이다. 이곳은 우리가 어떤 일에 몰입하는 동안 가장 활성화되는 곳이자 인간만이 가지는 독특함을 설

명해주는 영역이다.[2]

인간을 가장 인간답게 만드는 것이 바로 뇌의 활동입니다. 특히 전두엽에서 진행되는 다양한 활동은 바로 우리 인간 존재 본연의 모습에 대한 의미를 확인시켜주는 활동입니다. 그러면 이제 그 뇌 속에서 어떠한 원리로 의식이 구현되며, 사고가 만들어지고, 의사 결정 과정이 이루어지는지에 대해 알아보기로 하겠습니다.

2 » 《꿈을 이룬 사람들의 뇌》 : 조 디스펜자, 김재일 역, 2009, (주)한언, P 147~148.

## 신경 전달 물질의 역할

뇌는 그 기능에 있어 다른 조직하고도 연관이 있으며 매우 복잡한 활동을 하고 있습니다. 그리고 그러한 기능을 관할하는 세포가 바로 뇌의 상당 부분을 차지하고 있는 뉴런입니다. 앞서 이야기 한 것처럼 뇌를 구성하는 뉴런의 개수는 약 150억 개 이상입니다. 이 뉴런이라는 신경 세포의 역할 중에서 특히 우리가 신경 써서 확인할 부분은 대뇌신피질(전두엽 부분)인 인식의 영역에서 작용하는 특별한 활동입니다. 뇌 속에 포진되어 있는 뉴런이라는 신경 세포는 다양한 외부 자극들을 취합하고 사고 활동을 진행하여 행동으로 반응하게 합니다.

우리가 새로운 일의 결정을 앞두고 '앞으로 무엇을 할 것인가?', '퇴직 후 필요한 예산은 얼마인가?', '새로운 환경에서 잘 적응할 수 있을까?'와 같은 생각을 하게 되는데, 이러한 모든 생각이 바로 신경 세포인 뉴런의 특별한 활동 결과물인 것입니다.

신경 세포가 어떻게 활동하기에 생각이라는 것이 만들어질까요? 생각을 만들어 내는 뇌의 핵심 구성인 뉴런의 세계로 잠시 여행을 떠나봅시다.

《시냅스와 자아》의 저자인 조지프 르두는 뉴런의 특별한 의미를 이야기하며 다음과 같이 기술하였습니다.

간, 신장, 담낭 같은 대부분의 신체 기관들은 그 몇몇 세포들의 기능만 알면 그 기관의 전반적 기능을 유추할 수 있다. 그러나 뇌는 그렇지 않다. 뇌 세포들은 보기·듣기에서 생각하기·느끼기까지, 자아의 자각에서 무한성의 몰이해까지 무수히 많은 활동들을 수행한다. 뉴런의 구조를 살펴보면 췌장이나 비장 같은 기관들과 달리 왜 뇌가 그토록 다중기능을 수행하는지 이해가 된다. (중략)
신경 섬유들은 전화선과 비슷하다. 이들에 의해 뇌의 한 영역에 있는 뉴런이 다른 영역에 있는 뉴런들과 의사소통을 할 수 있다. 이런 연결들에 의해 시간과 장소에 따라 특정한 목표를 수행하기 위해 공동의 일을 수행하는 세포들의 새로운 집합이 뇌 안에서 생겨난다. 다른 기관에는 없는 이런 능력이 뇌 활동을 만들어 낸다.[3]

인체의 신비로운 기관 중 가장 복잡하고 모든 기관과 연결되

---

3 » 《시냅스와 자아》 : 조지프 르두, 강봉균 역, 2011, 동녘사이언스, p79~80.

어 있는 뇌, 그리고 그것을 구성하는 뉴런에 대해서는 아직 알아야 할 것이 많이 있습니다. 뇌 활동을 만들어내는 뉴런의 역할에 대해 더욱 많은 것을 알게 된다면 한 차원 높은 새로운 인식의 영역을 경험할 수 있을 것입니다. 그것은 르두의 말처럼 다른 기관에는 없는 '뇌 활동'이라는 것을 통해서 개인의 인식 수준을 한 단계 발전시켜나가는 것과 동시에 새로운 세상에 대한 경험을 촉진시켜나가는 것이라 말할 수 있습니다.

익히 알고 있듯이 뉴런은 인체에서 느껴지는 모든 감각을 받아들여 어떻게 반응해 나가야 되는지를 판단하는 신기한 기능을 갖고 있습니다. 뉴런은 뇌 속의 위치에 따라 다양한 오감의 영역을 담당하며 제 기능을 수행하고 있습니다.

그리고 전두엽에 위치한 뉴런은 특별히 새로운 기능을 담당하고 있습니다. 그것은 사고의 기능입니다. 축적된 정보를 바탕으로 새로운 생각을 만들어냅니다. 배고픔을 느낀다면 음식을 섭취해야겠다는 저차원적인 판단부터 현상의 문제점을 인식하고 그것을 어떻게 개선시켜 나갈지에 대한 고차원적인 판단에 이르기까지 전두엽에 위치한 뇌, 좀 더 구체적으로 말하면 전두엽 뉴런이 작용하는 결과물입니다.

그런데 이 뉴런은 하나의 세포로서 기능을 수행하는 것이 아니라 수십억 개의 뉴런과 뉴런이 연결되어 수퍼 컴퓨터로도 연산하기 불가능한 다양한 경우의 수를 만들어냅니다. 뉴런에는 수십에서 수십만 개 이상의 수상 돌기[4]가 있고 이 각각의 수상 돌기는 다른 뉴런의 축삭[5]과 연결되어 있습니다. 이 연결의 말단을 시냅스[6]라고 부르는데 뉴런은 각 뉴런과 완전히 밀착되어 있는 것이 아니라 약간 느슨하게 연결되어 있습니다. 그리고 이러한 뉴런들은 전기적 신호와 화학적 신호를 번갈아 가며 보내는 일련의 과정을 거칩니다. 이러한 활동을 통해서 우리의 생각, 즉 사고가 만들어지는 것입니다.

특히 뉴런 내에서는 전기 신호가, 뉴런과 뉴런을 연결하는 위치에서는 화학적 신호가 주로 이용됩니다. 전기적 신호가 화학적 신호로 전환되어 보내지는 구역이 바로 시냅스라는 공간입니다. 이 시냅스에서는 다양한 의미의 신호들이 화학적 매개체를 통해 다른 뉴런의 수상 돌기에 전달됩니다. 이 화학적 매개체를

------

4 » 뉴런 내 신경 섬유로서 입력 통로 역할을 한다.
5 » 뉴런 내 신경 섬유로서 출력 통로 역할을 한다. 축삭은 가까이 있는 뉴런에 연결되기도 하지만, 먼 거리를 가로질러 다른 뉴런에 연결되기도 한다.
6 » 뉴런과 뉴런의 접합부. 시냅스는 하나의 뉴런이 활성화되면, 전기 신호가 뉴런의 신경 섬유를 타고 이동한다. 그 말단에서 화학 물질인 신경 전달 물질을 분비하게 한다. 이 전달 물질은 시냅스 사이 공간을 건너 상대편 뉴런에 있는 수상 돌기에 결합하여 궁극적으로 시냅스 작동이 이루어진다.
7 » 뇌를 비롯하여 체내의 신경 세포에서 방출되어 인접해 있는 신경 세포 등에 정보를 전달하는 일련의 물질을 일컫는 용어. 수십 종류가 발견되었으며 아미노산류(아세틸콜린, 글리신, 아스파라진산), 아민류(도파민, 아드레날린, 노르아드레날린), 펩티드류(바소프레신), 지방산류(히스타민, 세로토닌) 등이 대표적이다.

뉴런의 구성 요소

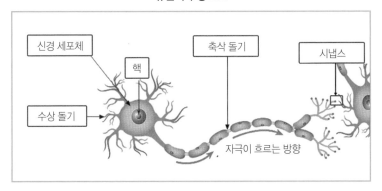

'신경 전달 물질'이라고 부르는데, 이 물질이 바로 우리의 의식의 흐름을 관장하는 데 중요한 역할을 합니다.

신경 전달 물질로 알려진 것들에는 익히 알고 있는 것과 같은 도파민, 세로토닌, 아드레날린 등이 있습니다. 현재까지 신경 전달 물질로 확인된 물질의 종류만 해도 수십 가지에 이르고 있습니다. 그리고 앞으로도 계속해서 신경 전달 물질은 발견될 것으로 예상됩니다. 대표적으로 알려진 신경 전달 물질 중 몇 가지에 대해 그 기능을 알아보면 다음과 같습니다.

도파민(Dopamine)

도파민은 주로 몸동작, 인식 능력, 식사 및 음료 섭취 행위, 성행위, 신경계통의 대사산물 조절 및 선택적 주의력(Selective

Attention) 등 많은 기능과 행동에 큰 영향력을 주고 있는 것으로
보고되고 있습니다.

도파민의 분비 및 활동이 비정상적일 경우 문제를 야기할 가
능성이 높습니다. 예를 들어 도파민이 과다분비되면 정신분열증
에 걸리며, 도파민의 분비가 감소하면 만성 퇴행성 질환인 파킨
슨병에 걸리는 것으로 알려져 있습니다.

### 가바(GABA : Gamma Amino Butyric Acid)

중추 신경계에서 가장 일반적으로 쓰이는 신경 전달 물질 중
하나로서 뇌의 산소공급량을 증가시키고 뇌 세포의 대사기능을
촉진시켜 집중력과 기억력을 향상시킵니다. 또한 스트레스 해소
와 신경안정을 통한 불안감 해소에도 작용을 합니다.

### 아세틸콜린(Acetylcholine, ACh)

첫 번째로 발견된 신경 전달 물질로서 시냅스를 통해 뇌의 여
러 부분에 분배됩니다. 부교감 신경계의 가장 기본적인 신경 전
달 물질로서 전체 시냅스의 약 10%에서 사용되는 것으로 추정
합니다. 주로 신경의 흥분 전달 물질로 사용되고 신체 장기 내부
의 근육 활동, 학습과 기억에 영향을 끼칩니다. 알츠하이머에 걸
린 사람들은 해마에 있는 아세틸콜린이 제 기능을 못해 어려움

을 겪는 것으로 알려져 있습니다.

### 세로토닌(Serotonin)

세로토닌은 인간과 동물의 위장관과 혈소판, 중추 신경계에 주로 존재합니다. 세로토닌은 기분을 조절할 뿐만 아니라 식욕, 수면, 근수축과 관련한 많은 기능에 관여합니다. 세로토닌은 또한 사고 기능과 관련하기도 하는데 기억력, 학습에 영향을 미칩니다. 세로토닌은 혈소판에 저장되어 지혈과 혈액응고 반응에 관여합니다. 세로토닌은 행복의 감정을 느끼게 해주는 분자로, 호르몬이 아님에도 해피니스 호르몬(Happiness Hormone)이라 불리기도 합니다.[8]

앞에서 예를 든 다양한 신경 전달 물질들이 시냅스 내의 소포체에 응집되어 있다가 뉴런 내의 신경 섬유를 통해 전달된 전기 신호에 적합한 물질을 분비합니다. 그러면 그 물질들이 다른 뉴런에 전달되고 궁극으로 최종 목적지 뉴런에 도착하면서 신호는 그 임무를 다하게 됩니다. 크리스마스 트리에 연결해 놓은 전등불을 생각해 보면 이해가 쉬울 것입니다. 트리전구의 불빛이 순

---

■ ◆ ▪

8 » 《시사상식사전》: 2012, 박문각.

차적으로 점멸해 나가는 모습이 바로 신호가 뉴런에서 뉴런으로 전달되는 것과 흡사한데, 다만 뇌 속에서는 그 신호 전달의 빠르기가 찰나와 같이 순식간에 작용합니다. 그리고 이 신호형태에 의해 우리의 몸은 신체적 반응을 하고 사고라는 새로운 영역을 만들어내기도 합니다.

이와 같이 뇌 속의 뉴런에 존재하는 시냅스는 인간이 활동하는 거의 모든 것과 관계를 맺고 있습니다. 상기의 활동형태를 기본적인 매커니즘으로 하여 어느 쪽 축삭과 수상 돌기와 연결을 하며, 그 안에서 어떠한 신경 전달 물질을 얼마만큼 전달하는가에 따라 우리가 느끼는 생각과 반응의 세기가 달라지기도 합니다.

우리가 느끼는 다양한 감정, 논리적 사고와 판단 등 모든 것이 뉴런의 연결과 신경 전달 물질의 활동에 기인합니다. 사고를 할 때도 어떠한 사고를 하느냐에 따라 뇌 속의 뉴런에서는 신호체계가 완전히 다르게 구성이 됩니다. A라는 연결통로를 사용하는 것과 B라는 연결통로를 사용하는 것에 따라 사고의 깊이와 판단의 결과가 완전히 달라집니다. 그것은 연결된 시냅스에서 어떤 신경 전달 물질을 보내느냐에 따라 인식의 깊이와 사고의 형태가 달라지기 때문입니다.

직장을 나오는 현실을 눈앞에 둔 상황에서 우리는 많은 생각을 합니다. 퇴사란 단어에서 연상되는 걱정과 근심 등 모든 것이 뇌의 사고에서 기인합니다. 특히나 퇴사를 앞두고 있는 시점이라면 무엇을 할 것이며 어떻게 살 것인가에 대한 질문 등을 이전보다 훨씬 더 많이 하게 됩니다. 이러한 상황에서 우리가 뇌의 기능과 활동 원리를 이해하고, 앞으로 이야기 할 새로운 방법으로 사고를 진행하고자 노력한다면 앞으로 맞이하게 될 새로운 일에 대한 대응책을 준비해 나가는 데 보다 효과적으로 움직여 나갈 수 있을 것입니다.

## 뇌를 훈련시켜라

27번째 편지에서 사고는 뇌 속의 뉴런이라는 신경 세포 활동에 의해서 만들어진다고 하였습니다. 아직은 이해가 잘 되지 않을 수 있습니다. '신경 세포 활동의 어떠한 원리로 사고가 만들어진다는 말일까?', '무엇이 인간을 다른 동물과는 다른 존재로 만들었을까?'라는 질문을 가질 수 있습니다.

《브레인 룰스》의 저자 존 메디나는 의식의 등장부터 생각의 실현까지 과정이 진행되는 동안 뇌가 수행하는 12가지의 중요한 법칙에 대해 설명하였습니다. 다음 페이지의 표에서 설명하는 다양한 법칙 중에서 생각을 새롭게 하는 계기를 제공해 줄 수 있는 중요한 단초들이 숨어 있습니다. 새로운 사고를 시작해야 하고 이러한 사고를 바탕으로 새로운 시작을 준비해 나가는 입장에서 의미 있는 정보가 될 수 있습니다.

특히, 기억하기 위해 반복적으로 주입해야 하는 것과 자극이

## 뇌의 12가지 기능[9]

| 법칙 | 주제어 | 설명 |
|---|---|---|
| 1. 생각의 엔진 | 운동 | 몸을 움직이면 생각도 움직인다 |
| 2. 생각의 진화 | 생존 | 이해와 협력은 두뇌의 생존 전략이다 |
| 3. 생각의 개인차 | 두뇌 회로 | 사람의 두뇌 회로는 모두 다르다 |
| 4. 생각의 흐름 | 주의 | 따분한 것들은 관심을 끌지 못한다 |
| 5. 생각의 저장 | 단기기억 | 기억을 하려면 반복해야 한다 |
| 6. 생각의 합성 | 장기기억 | 기억이 자리 잡으면 그 기억대로 사고와 행동이 반복된다 |
| 7. 생각의 처리 | 잠 | 잠은 생각과 학습의 필수조건이다 |
| 8. 생각의 와해 | 스트레스 | 뇌는 스트레스를 받으면 일탈한다 |
| 9. 생각의 강화 | 감각 | 자극이 다양할수록 뚜렷해진다 |
| 10. 생각의 포착 | 시각 | 시각은 다른 어느 감각보다 우선한다 |
| 11. 생각의 대결 | 남과 여 | 남자와 여자는 다르게 생각하고 느낀다 |
| 12. 생각의 재발견 | 탐구 | 우리는 평생 타고난 탐구자로 살아간다 |

■ ■ ◆ ━━━━━━━━━━━━━━━━━━━━━━━━━━━━━━━━━━━━━━━━━━━━━━━

9 》《브레인 룰스》 : 존 메디나, 2009, 프런티어.

다양할수록 뚜렷해지는 다섯 번째, 아홉 번째 뇌의 법칙은 우리에게 중요한 교훈을 제공합니다. 새로운 시작을 준비해 나가기 위해 우리는 뇌에 계속적으로 정보를 제공해 주어야 합니다. 새로운 무언가를 찾기 위해선 의미있는 결과물이 나올 때까지 지속적으로 다양한 환경에 노출되어야 합니다. 다시 말하면, 어떤 일을 찾기 위해서는 정보를 습득하기 위한 지속적인 노력이 필요합니다.

기업의 의뢰를 통해 전직 컨설팅을 받은 사람이 있었습니다. 그는 아직 회사에서 할 수 있는 일이 많은데 부당하게 자신이 컨설팅 대상이 되었다고 생각하였습니다. 그래서인지 전직 컨설팅 프로그램을 진행하는 동안 불만에 가득 차 있었습니다. 자신이 여기 있을 사람이 아니기 때문에 프로그램을 진행할 필요가 없다고 생각한 것입니다. 결국 그는 몇 번 나오다가 더 이상 나오지 않았습니다. 그러나 전직 컨설팅을 거부했다고 해서 조직에서 그분을 불러들이지는 않았습니다. 어쩌면 그분은 새로운 생각을 할 수 있는 소중한 시간을 의미 없이 보낸 것입니다.

구조조정, 퇴직, 은퇴를 통해 조직을 벗어나는 경우 대부분의 사람들이 어떻게 지내는지는 익히 보아서 알고 있습니다. 그런데 그들 중 이것저것 해보려고 직접 경험에 뛰어든 경우는 많지 않습니다. 조직이 아닌 새로운 환경에 적응하기 위해선 좌충우

돌의 시간이 반드시 필요로 합니다. 군인이 군대에 입대하였다고 바로 이등병 계급장을 달아 주고 부대에 배치되는 것이 아니라 신병교육대에서 5주간의 군사교육을 받아야만 이등병 계급장을 달아주듯이 새로운 환경에서도 생각하고 경험해 보는 진입 초기의 신병훈련소가 필요합니다.

뇌의 훈련을 통해 지금까지 경험해보지 못한 것들에 대해 많은 준비를 해나갈 수 있습니다. 이것이 뉴런의 신호 체계로 새로운 시작을 준비하는 중요한 방법입니다.

## 생각의 흐름을 바꿔라

우리는 지금까지 조직이라는 곳에서 적응해 오면서 이에 맞는 생각을 하기 위해 노력해왔습니다. 그 결과 우리의 생체 리듬은 조직에 맞게 익숙해졌습니다. 그런데 우리의 몸뿐만 아니라, 생각도 조직의 틀에 맞춰져 익숙한 생각만 하게 되었습니다.

두 번째 직업을 찾아야 할 현 시점에서 새로운 것을 위한 준비하는 일은 상당히 적응하기 어려운 과정입니다. 이는 우리의 마음이 새로운 환경에 잘 적응하지 못하기 때문입니다. 뇌 속 신경 신호의 흐름을 이해하면 그 이유를 잘 이해할 수 있습니다.

우리는 지금까지 조직의 틀 안에서 잘 적응하기 위한 다양한 방법을 학습을 통해 익혀 왔고, 성공한 방법은 반복과 강화를 통해 학습효과를 극대화하였습니다. 일상적으로 일어나는 조직 생활에서의 활동과 반응은 점차적으로 자연스러워지면서 정형화된 룰을 만들었다고 볼 수 있습니다.

### 생각의 흐름

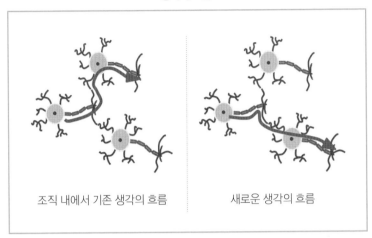

조직 내에서 기존 생각의 흐름　　　　새로운 생각의 흐름

그림에서 보듯 우리는 지금까지 '기존 생각의 흐름'과 같이 일관성 있는 형태로 신경회로망이 흐르도록 구성해 왔습니다. 이것을 '조직생활에 맞는 생각의 흐름'이라고 명칭지어봅시다.

그러나 이제는 우측의 그림과 같이 새로운 신경 신호의 체계를 구성해야 합니다. 이러한 신경 신호의 흐름 전환이 바로 우리가 이야기하는 '발상의 전환'이자 '새로운 생각'입니다.

가령, 조직 내에서 미션을 수행하기 위해서 지금까지 경험한 내용을 바탕으로 최적의 방안을 만들어 낼 수 있도록 노력하였습니다. 그러나 이것은 기존 조직 내에서만 가장 이상적이고 적절한 생각의 흐름이고 새로운 환경에서는 맞지 않을 확률이 매우 높습니다. 즉, 새로운 생각의 흐름이 필요한 것입니다.

다행스럽게도 뇌 속의 뉴런은 무수한 생각의 흐름을 만들어 낼 수 있도록 수없이 많은 수상 돌기와 축삭들이 서로 얽혀있습니다. 여기에 단지 새로운 생각의 흐름을 만들어 내는 전기 신호가 필요할 뿐입니다.

그러면 이 전기 신호를 어떻게 하면 만들어 낼 수 있을까요? 답은 의외로 쉬운 곳에 있습니다. 그것은 바로 현실을 받아들이고 그 현실속에서 어떻게 하면 좋을까를 생각하는 것입니다. '나에게 주어진 현실이 무엇이고 그럼 어떻게 하면 좋을까?'를 생각해 보는 것이 중요합니다. 그런데 이에 대한 해결 방안을 찾는 것은 어렵습니다.

이 문제를 해결해 나가는 것이 바로 보케이머션과 관련이 있습니다. 몰입 활동을 통해 마음 깊은 곳에서 느껴지는 자각을 경험할 필요가 있습니다. 나 자신에게로 여행을 떠남으로서 얻을 수 있는 것, 그것은 바로 자신이 새로운 일을 할 수 있는 충분한 능력이 있음을 발견하는 것입니다.

# 성공을 이끌어낸 몰입 활동 사례들

몰입이라는 단어가 우리에게 많이 익숙한 용어는 아니지만 이미 여러 분야에서 의미있는 결과를 만들어내고 있습니다.

특히 기업의 마케팅, 연구 개발, 생산 관리 등 다양한 분야에서 적용되고 있습니다.

구글과 같은 글로벌 기업은 몰입의 방법을 연구개발을 비롯한 기업 운영의 전반적인 분야에 접목하여 시장의 선도적 역할을 유지해 나가고 있습니다.

국내 기업에서도 다양한 몰입 환경 조성을 위한 활동을 진행하고 있습니다. 이는 몰입이 기업 운영에 있어 의미있는 성과를 가져다 주기 때문입니다.

이러한 몰입 활용 사례는 기업에서뿐만 아니라 개인에게서 더욱 다양하게 나타나고 있습니다.

한 예로, 이중재 변호사의 이야기를 해볼까 합니다. 이중재 변

**국내 기업의 몰입 활동 활용 사례**[10]

| 기업명 | 몰입 활동 사례 |
|---|---|
| 유한킴벌리 | 스마트워크를 통한 조직 몰입 |
| 현대자동차 인재개발원 | AI중심의 핵심 가치 추구를 통한 조직 몰입 프로그램 |
| LG생활건강 | 커리어 디자인 교육 중심의 조직 몰입도 향상 |
| SK이노베이션 | 상담코칭센터 활용 직무 몰입도 향상 |

호사는 과거 축구선수였습니다. 대학도 체육 특기생으로 홍익대에 입학하였습니다. 그랬던 그가 부상 후유증으로 축구를 포기하고 공부를 시작한 지 5년 만에 변호사 시험에 합격하였습니다. 그의 고백에 의하면 대학에 들어왔을 때는 알파벳 대문자와 소문자를 구분하지 못하였다고 합니다. 5년이라는 시간이 짧은 시간은 아니지만 운동만 하던 선수가 전혀 새로운 분야를 준비하기 위해서 기초부터 얼마나 많은 노력을 기울였을까요? 한 분야의 목표를 정하고 최대한으로 몰입한 결과일 것입니다.

박원순 서울시장의 경우도 몰입 활동을 통해 문제의 해결 방

---

10 » 〈월간HRD〉, 9월호, 2012.

안을 찾는 분으로 많이 알려져 있습니다.

서울대학교 재료공학부의 황농문 교수는 몰입의 영역에서 인정받는 학자이지만 이에 그치지 않고, 자신이 경험한 '몰입'에 대해 공유하고자 다양한 저술 활동을 하고 있습니다.

몰입은 어떤 문제에 대한 해답을 도출해 내기도 합니다. 또 이룰 수 없어 보이는 결과물도 성취하게 하는 특별한 능력이 있습니다. 특히, 스포츠의 경우 몰입은 상상할 수 없는 엄청난 결과물을 만들어 내기도 합니다. 대한민국 사람이라면 모두 느꼈을 2002년 월드컵에서의 감동은 가장 규모가 큰 몰입의 결과물이라 생각합니다. 16강을 넘어서 8강, 4강까지 갈 수 있었던 것은 현장에서 최선을 다해 뛴 축구선수와 4,000만이 하나가 된 고도의 정신적 몰입이 있었기에 가능한 것이었습니다.

# 04

---

# 마음의
# 소리를 듣다

## 몰입의 중요성을 깨닫다

이 편지를 쓰는 필자도 깨달음을 얻었던 경험이 있습니다. 필자는 2007년 연말에 새로운 도전의 기로에 서 있었습니다. 다니던 회사 본부장의 권유로 직업상담 대학원에 입학하게 되었고 1학기를 마친 상황이었습니다. 배우는 내용에 갈수록 흥미를 느꼈고 무언가에 깊이 빠져드는 듯한 느낌이 들었습니다. 그리고 방학을 맞이한 시점에서 많은 고민을 하였습니다.

'현재 하는 일로 계속 직장을 다니는 게 맞는 걸까? 만약 이 시점에서 직장을 관두고 대학원 공부에 집중한다면 내 인생은 어떻게 펼쳐질까?'

출근하면서도 마음속으로는 제대로 대학원을 다니는 게 어떨까 하는 아쉬움이 들었습니다. 가장으로서 책임을 지고 회사를 계속 다닐지 아니면 끌리는 일을 하기 위해 도전을 할지에 대해 약 3개월의 방학 기간 동안 계속 고민했습니다.

그리고 방학이 끝나가는 어느 날 마음 속 어딘가에서 '그래 한 번 도전해 보자. 여러 가지 생각해 보았지만 이것이 최선의 방법이야' 라는 속삭임이 들려왔습니다.

이후 아내에게 이야기를 하였고, 다행히도 아내는 저의 결정에 동의해 주었습니다. 아이가 있는 가장이 대학원 다니겠다고 직장을 관두겠다고 하면 동의할 수 있는 아내는 그리 많지 않을 것이라 생각합니다. 지금도 그 때를 생각하면 매우 고마운 마음을 갖고 있습니다. 그 이후 교수님께도 생각을 이야기 하였고 다행히 대학원의 조교로 들어갈 수 있게 되었습니다. 그 순간이 어쩌면 180도 다른 삶을 살아가게 해준 결정적인 계기가 되지 않았나 생각합니다.

대학원을 졸업할 때까지 직장생활하면서 받는 월급과는 비교가 되지 않는 금액을 받으며 생활하였지만 진지하게 결정을 내리고 한 공부였기에 누구보다 열심히 직업 상담 관련 공부에 집중할 수 있었습니다.

대학원을 다니면서 필자는 의미 있는 판단을 하는 데 영향을 미친 요인이 무엇인지 관심을 갖게 되었습니다. 그 결과 집중도 높은 생각은 새로운 일을 선택할 때 필수 불가결한 조건이라는 생각을 하게 되었습니다. 특히, 어느 정도 사회 활동의 경험을 갖고 있는 사람에게는 더욱 그렇습니다.

필자는 몰입의 중요성을 깨닫고, 몰입 활동을 통해 새로운 일을 찾을 수 있는 방법을 고민하기 시작하였습니다. 그리고 지금은 어떤 일을 해야 할지 고민하며 찾아오는 분들에게 필자가 경험하였던 보케이머션 방법을 알려드리고 있습니다. 제 인생의 전환점이 되었던 이때의 기억이 새로운 일을 찾기 위해 고민하는 많은 분들에게 공유되길 바랍니다.

## 퇴직 후 나무를 심기까지

필자의 주 업무가 전직 지원 컨설팅이다 보니 주로 만나는 사람들은 퇴직한 지 얼마 되지 않은 40대 중반 정도 되는 분들입니다.

어찌 보면 가장 왕성하게 사회 활동을 해야 하고, 가장으로서 책임져야 할 비용이 가장 많이 들어가는 나이에 직장을 나와 다른 일을 찾고 있는 어려움을 겪고 있는 것입니다. 이제는 평생직장의 개념이 사라졌지만 그래도 한창 일할 나이에 조직을 나와 새로운 일을 찾는다는 것은 상당히 높은 스트레스를 받는 일입니다.

당장 일자리를 찾아야 되는 마음 급한 사람들에게 처음부터 보케이머션 활동을 이야기하면 많은 분들이 한 귀로 듣고 한 귀로 흘리는 경향이 있습니다. 어찌 보면 보케이머션도 마음에 약간의 여유가 있는 분이어야 가능하지 않을까 생각합니다. 여유를 갖고 실천하다보면 분명 의미있는 결과를 가져다 줄 것입니다.

보케이머션 활동을 한 분들 중 가장 기억에 남는 분이 있습니다. 대기업 유통회사에서 약 20년 정도를 근무하다 희망퇴직으로 직장을 나온 분을 상담한 적이 있습니다. 그 분은 재취업은 하고 싶지 않다고 하였지만 무엇을 해야 할지에 대해서는 뚜렷하게 정해 놓은 것이 없는 상태여서 많은 고민을 하고 있는 상황이었습니다.

먼저, 그분에게 가능성이 있는 일의 영역을 3가지로 구분하였습니다. 그리고 최종적으로 도출된 내용이 조경수를 심는 일을 하기 위한 귀농이었습니다. 그런데 막상 여러 가능성 있는 일에 대해 검토를 하고 가장 확률이 높은 일을 추려내긴 하였지만, 내담자의 마음속에서는 받아들여지지 않는 상태였습니다.

그 분은 이후 계속해서 보케이머션 활동을 진행하였습니다. 진정 그 일이 자신에게 맞는 일인지에 대해 깊이 있게 생각하고, 일을 하게 된다면 필요할 각종 자료를 찾는 활동을 병행했습니다.

조경수를 심는 일에 대해 깊이 있는 사고 활동을 진행하던 어느 날, 마음 깊은 곳에서 무언가 전달되는 느낌이 있었다고 합니다. 조경수 심는 일이 마음속에 진정으로 다가온 것입니다. 이후 그 분은 장인어른이 살고 있는 지역으로 거처를 옮겼고 현재는 가로수 및 조경수로 유망한 묘목을 심고 미래를 준비해 가고 있습니다.

그 이후에는 조경수에 대해서 잘 모르는 필자에게 조경 산업 전반적인 것에 대해 이야기해 주기도 하였고, 묘목의 특성에 대해서도 열정을 갖고 가르쳐 주기도 하였습니다.

이러한 사례는 다양합니다. 어떤 한 개인에게만 특별하게 적용되는 것이 아닙니다. 마음의 준비를 하고 한번 해보고자 하는 태도만 갖고 있다면 분명 누구라도 두 번째 직업을 마음 깊은 곳에서 발견하는 기쁨을 경험할 수 있을 것입니다.

PART **03**

# 백 번의 계획보다
# 한 번의 실천

# 01

첫 번째,
철저히 준비하라!

## 두 번째 직업 찾기 3단계

환영합니다. 이제부터 보케이머션 활동을 어떻게 진행해 나갈지 단계를 밟는 시간입니다. 다음 편지부터 진행되는 순서를 따라 보케이머션 활동을 하면 분명 본인이 원하는 새로운 일을 자각할 수 있는 기회를 얻을 수 있을 것입니다.

보케이머션 활동의 구성은 크게 자료 수집 단계, 보케이머션 단계, 새로운 일 준비/진입 이상 3가지 섹션으로 구성됩니다. 각 단계에는 세부적인 활동 내용이 있습니다.

자료 수집 단계에서는 자신에 대해 검토를 한 후, 가능한 일의 영역을 검토하고 정리하는 시간으로 구성됩니다. 선택가능한 무수히 많은 일 중에 여러 조건을 고려하여 몇 가지 일을 추려내고 보다 집중적으로 그 일에 대해 살펴보는 것입니다.

보케이머션 단계는 몇 가지로 추려진 일에 대해 깊이 있게 몰입 활동을 진행하는 단계라 말할 수 있습니다. 이는 자각을 하고

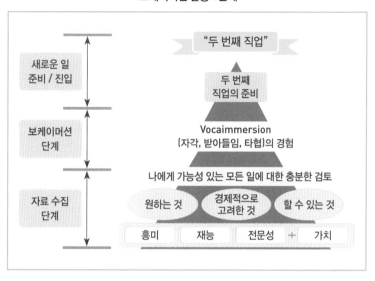

보케이머션 활동 3단계

"두 번째 직업"

두 번째
직업의 준비

Vocaimmersion
(자각, 받아들임, 타협)의 경험

나에게 가능성 있는 모든 일에 대한 충분한 검토

원하는 것 | 경제적으로 고려한 것 | 할 수 있는 것

흥미 | 재능 | 전문성 + 가치

새로운 일 준비 / 진입

보케이머션 단계

자료 수집 단계

어떤 한 가지의 일을 선택하기 위해 필요한 과정입니다.

　새로운 일 준비/진입단계에서는 자신이 자각하고 선택한 일에 대해 구체적인 시간 계획을 세우고 수행해 나가는 단계입니다. 시간적으로 가장 긴 기간이 투입될 수 있습니다. 이상 세 가지 섹션에 대해 다음 편지부터 좀 더 자세하게 이야기해 보겠습니다.

## 직업 선택 3대 요소

보다 효과적인 보케이머선 활동을 하기 위해선 준비가 필요합니다. 수없이 많은 일 중에서 내게 꼭 맞는 일을 찾기 위해선 가능성 있는 일을 몇 가지로 정리할 필요가 있습니다. 그러한 활동을 진행하기 위해 우리가 우선적으로 해야 할 것은 자기 자신에 대해 이해입니다. 일을 선택할 때는 직업 선택의 3대 요소인 자신의 전문성, 흥미 분야 그리고 타고난 재능에 대해 충분한 고려를 해야 합니다. 자신이 생각하는 일에 대한 가치 기준을 점검하고, 고려할 수 있는 일에 대해 충분히 검토한 연후에 최종적으로 의사 결정을 내릴 필요가 있습니다.

주요 고려 요소인 전문성, 흥미, 재능을 검토할 때는 각각 따로 검토해 나가지만 세 가지 영역에 대한 검토가 완료되면 이에 대해 종합적인 판단이 필요합니다. 이를 통해 세 가지 요소를 공통적으로 만족시키는 일이 무엇인지 깊이 생각할 필요가 있습니

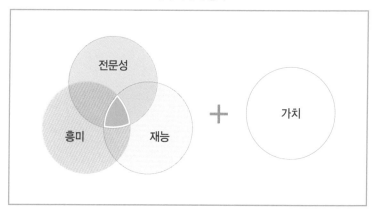

자기 이해의 영역

다. 3요소를 공통적으로 만족시키는 일을 실제 자신의 일로 선택할 때 성공확률이나 만족도가 높은 결과가 나올 수 있습니다.

그럼 이제부터는 자료 수집 단계에서 해야 할 것에 대해 알아보는 시간을 가져 보도록 하겠습니다.

# 심리 검사 진행하기

객관적인 심리 검사 지표를 통해 자신의 적성, 재능, 흥미 등을 파악할 수 있는 방법이 있습니다. 민간 기관에서 하는 심리 검사들은 비용이 발생하는 경우가 많으므로 여기에서는 비용이 발생하지 않는 공공 기관의 심리 검사를 알려드리겠습니다.

고용노동부 워크넷(www.work.go.kr)에서는 직업과 관련된 다양한 심리 검사를 무료로 진행할 수 있습니다. 워크넷에서 직업 정보·심리 검사 항목으로 들어간 후 화면에 보이는 직업 심리 검사를 클릭하면 여러 가지 검사를 진행할 수 있고 그 결과도 확인해 볼 수 있습니다. 몇 가지 추천해 드리자면 다음과 같습니다.

직업 선호도 검사 S형 : 개인이 좋아하는 활동, 자신감을 가지고 있는 분야, 관심 있는 직업 및 학문 분야 등을 측정. 직업 탐색 및 직업 선택과 같은 의사 결정을 하는데 도움을 주기 위한 심리검사

**고용노동부 워크넷의 직업 심리 검사**

성인용 직업 적성 검사 : 304개 직업을 대상으로 직무 분석을 실시하여 이를 근거로 우리나라에서 필요한 11개 적성 요인을 선정. 선정한 결과를 바탕으로 우리나라의 직업들에서 요구하는 고유한 적성 요인을 반영하여 검사자가 어떤 직업 적성을 갖고 있는지를 안내하는 검사

직업 가치관 검사 : 개인이 중요하게 생각하는 직업 가치관에 대해 측정하여 개인의 직업 가치를 실현하기 위해 가장 적합한 직업을 안내해 주는 검사

이외에도 여러 가지 검사가 있습니다. 관심이 있는 분야가 있다면 추가적으로 진행해 보아도 좋습니다.

위에서 설명한 검사는 기본적으로 새로운 일을 찾기 전 자신이 어떤 특성을 갖고 있는지를 확인해 볼 수 있는 유용한 도구입니다. 이를 활용해서 보다 의미 있는 일을 찾기 위한 첫발을 내딛는 데 도움이 되길 바랍니다.

## 1만 시간의 법칙에 따라 전문성 점검하기

"당신은 어떤 분야의 전문가인가요?"

커리어 컨설팅을 하러 오는 분에게 이런 질문을 하면 매우 곤란해 합니다.

"전문적인 일 보다는 일반적인 일을 했어요."

"갖고 있는 자격증이 없습니다."

위 두 가지가 일반적으로 하는 답변입니다. 많은 분들이 스스로를 낮추는 경향이 있음을 알 수 있습니다. 그러나 어느 한 분야에서 직무를 수행하며 5년, 10년 이상을 일을 하였는데 전문성이 없다는 것은 말이 되지 않습니다. 말콤 글래드웰은 그의 저서 《아웃라이어》에서 '1만 시간의 법칙'을 이야기하였습니다. 1만 시간을 한 분야에 투자하면 전문가가 될 수 있다는 요지입니다. 조직 생활을 10년, 20년 했다는 것은 해당 분야에서 최소한 일만 시간 이상을 일했다는 의미가 됩니다. 본인 스스로가 곰곰이 생

## 나의 전문성 점검하기

- 직무 수행을 하면서 경험하거나 이룩한 성과물을 참고하여 생각해 보기 바랍니다(5가지 이상 적어 보세요).

각해 보지 않기 때문이지 한 분야에서 오랜 기간 직무를 수행한 분은 그 분야의 전문가라 말할 수 있습니다.

전문성이란 어떤 업무를 수행하는 데 능숙하며 관련 기술적 지식을 갖춘 상태를 의미합니다. 지금 자신의 이력서 또는 경력 기술서를 꺼내 보시기 바랍니다. 그리고 자신이 한 일을 전체적으로 조망해 보시기 바랍니다. 세부 행간의 기록을 보며 기억을 더듬고 그 당시 어떤 일을 했는지 마음속으로 떠올리세요. 그런 다음 나의 전문성을 크게 다섯 가지 이상 적어 보시기 바랍니다. 전문성이라고 하여 거창한 것만을 지칭하는 것은 아닙니다. 고객 상담 능력이 뛰어나거나 이야기를 조리 있게 하는 것도 전문성이라 말할 수 있습니다. 일을 하며 자신이 가장 잘 수행했던 대표적인 것을 적으면 됩니다. 그렇게 적은 내용이 향후 두 번째 직업을 정할 때 아주 중요한 역할을 할 것입니다.

## 과거 경험 돌아보기

과거에 자신이 한 일을 돌이켜 생각해 보면 자신이 진정으로 중요하게 생각하는 가치가 무엇인지를 알아볼 수 있습니다. 이번에는 직무 만족도를 바탕으로 자신의 직무 경력에 대해 돌아보는 시간을 가지려 합니다.

다음 페이지에 나오는 직무 만족 그래프는 학교를 졸업한 이후 현재까지 자신이 수행했던 업무에 대한 만족 수준을 기록하는 그래프입니다.

이를 작성할 때 중요한 사항은 성과의 좋고 나쁨이 아니라 그 일을 수행할 때의 만족도를 중심으로 한다는 것입니다. 성과와 보수의 많고 적음이 아닌 만족 수준이 어떠한가가 기준이 되는 것입니다. 최고 점수는 5점이고 최저 점수는 −5점입니다. 가장 좋았던 기억을 5점으로, 가장 나빴던 기억을 −5점으로 구성하고 나머지 경험에 대해 상대적으로 평가해 보시기 바랍니다.

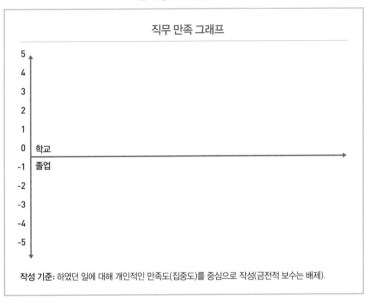

깊이 생각하기 연습 3

직무 만족 그래프

작성 기준: 하였던 일에 대해 개인적인 만족도(집중도)를 중심으로 작성(금전적 보수는 배제).

이를 통해 자신이 어떤 직무를 수행할 때 만족도가 높았는지 또는 힘들었는지에 대해 정리할 수 있습니다. 이는 향후 자신의 일을 선택할 때 중요한 판단 자료가 될 수 있습니다.

## 3~6가지로 추려내기

이번에 우리가 할 일은 자신이 생각해 볼 수 있는 일 중에서 보다 깊게 검토해 볼 일을 추려 내는 작업입니다. 검토를 진행할 때, 크게 3가지 영역의 기준을 갖고 진행하면 도움을 받을 수 있습니다. 다음 페이지에 나와있는 표를 작성해 보기 바랍니다.

[원하는 것]은 마음속으로 해보고 싶은 것을 의미합니다. 학창 시절이나 직장생활을 하면서 '아, 이런 일 한번 해 보고 싶다'라고 생각해 본 것이 있으면 개수에 구애받지 않고 적으면 됩니다.

[할 수 있는 것]은 현재 자신의 능력으로 보았을 때 특별한 준비 없이도 할 수 있는 일을 적으면 됩니다. 직무 수행을 통해서 얻은 경험을 활용할 수 있는 일, 취득한 자격증으로 활용할 수 있는 일 등이 포함될 수 있습니다.

[경제적으로 고려한 것]은 가용한 자산을 활용하였을 때 할 수 있는 일의 내용을 기록하는 영역입니다. 이 부분은 매우 현실적

나에게 가능한 일은 무엇인가?

| 원하는 것 | 할 수 있는 것 | 경제적으로 고려한 것 | 세 가지 중 가능성 높은 것 |
|---|---|---|---|
|  |  |  |  |

인 영역으로 운용 가능한 자본을 통해 할 수 있는 일 중 끌리거나 능력적인 부분에서 충분히 할 수 있는 일을 기록하면 됩니다.

이상과 같이 세 가지 영역에 대한 작업을 진행한 후 가장 오른쪽에 있는 [세 가지 중 가능성 높은 것]을 작성합니다.

[세 가지 중 가능성 높은 것]은 자신이 생각한 여러 일 중에서 현실적인 면을 고려했을 때 진짜 할 수 있는 가능성 높은 내용을 옮겨 적는 것입니다. 이 부분으로 옮겨 적을 때는 3개의 영역에

서 각각 최소 1~2개 정도를 선택하여 옮겨 적도록 합니다. 그러면 [세 가지 중 가능성 높은 것] 영역에는 3~6개 정도의 일이 들어가게 됩니다.

실제 보케이머션 활동을 통해 자신의 일을 선택한 분을 보면 [세 가지 중 가능성 높은 것]에 작성한 것들 중에서 일을 찾아 직무를 수행해 나가고 있음을 확인할 수 있습니다. 이는 이미 마음속 어딘가에서는 자신이 하고자 하는 일을 염두에 두고 있었다는 것을 의미합니다. 다만 확신이 들지 않거나 선택하는 상황에서 갈등이 있었다는 것입니다.

선택 가능한 일 고르기 작성 사례 上

| 원하는 것 | 할 수 있는 것 | 경제적으로<br>고려한 것 | 세 가지 중<br>가능성 높은 것 |
|---|---|---|---|
| • 라이브 카페를 차리고 이따금 노래도 하기<br>• 여행 작가가 되는 것<br>• 부동산 자산을 통해 금전적 어려움 없이 사는 것<br>• 밴드를 구성하여 보컬 활동을 하는 것<br>• 소설을 쓰는 것 | • 공인 중개사 자격증 취득<br>• 인사 업무 총괄<br>• 인사 조직 컨설팅<br>• 중소기업체 중간 간부 | • 3억 투자 자금 미만으로 할 수 있는 일(치킨점, 빵집 제외)<br>• 쇼핑몰 운영(유통)<br>• 파견 회사 운영 | |

## 선택 가능한 일 고르기 작성 사례 下

| 원하는 것 | 할 수 있는 것 | 경제적으로 고려한 것 | 세 가지 중 가능성 높은 것 |
|---|---|---|---|
| • 라이브 카페를 차리고 이따금 노래도 하기<br>• 여행 작가가 되는 것<br>• 부동산 자산을 통해 금전적 어려움 없이 사는 것<br>• 밴드를 구성하여 보컬 활동을 하는 것<br>• 소설을 쓰는 것 | • 공인 중개사 자격증 취득<br>• 인사 업무 총괄<br>• 인사 조직 컨설팅<br>• 중소기업체 중간 간부 | • 3억 투자 자금 미만으로 할 수 있는 일(치킨점, 빵집 제외)<br>• 쇼핑몰 운영(유통)<br>• 파견 회사 운영 | • 라이브 카페를 차리고 이따금 노래도 하기<br>• 소설을 쓰는 것<br>• 중소기업체 중간 간부<br>• 쇼핑몰 운영(유통)<br>• 파견 회사 운영 |

# 02

두 번째,
몰입하라!

## 데이터베이스를 만들어라

앞서 선택 가능한 일을 6가지 이내로 추리는 활동을 진행하였다면 이제부터 본격적인 자료 수집 활동을 진행해야 합니다. 정보 수집 활동을 통해 데이터베이스가 하나씩 쌓여간다는 것은 추후 그 일을 할 때 일어날 수 있는 위험 가능성을 감소시킬 수 있다는 것을 의미합니다.

정보 수집 활동은 미팅을 통한 정보 수집 활동과 검색을 통한 정보 수집 활동으로 나눠집니다. 미팅을 통한 정보 수집 활동은 자신이 관심을 갖고 있는 영역에서 활동하고 있는 사람을 만나 해당 직무에 대한 다양한 정보를 수집하는 활동입니다. 가급적 여러 사람을 만나 보다 객관적인 정보가 수집될 수 있도록 해야 합니다.

미팅을 통한 정보 수집 활동에서는 다음과 같은 주요 사항을 확인해 볼 필요가 있습니다.

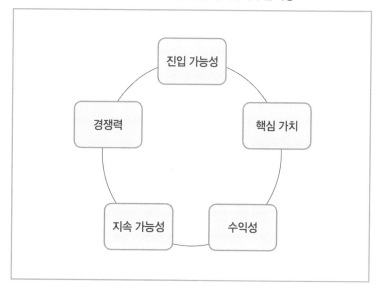
미팅을 통한 정보 수집 활동 시 확인해야 할 사항

진입 가능성

핵심 가치

경쟁력

지속 가능성

수익성

- 진입 가능성: 관심 있는 분야에 진입하기 위해 우선적으로 필
  요한 확인 사항으로는 정보 수집자의 자금, 기술력, 나이 등
  이 있습니다.
- 핵심 가치: 일을 수행하는 사람이 해당 직무를 수행하는 이유
  가 무엇인지 그리고 그 일을 통해 얻고자 하는 것은 무엇인
  지 확인해야 합니다.
- 수익성: 실제 일을 통해서 얻을 수 있는 금전적 대가는 어느
  정도인지 해당 현장에서 일하는 사람을 통해 확인할 필요가

있습니다. 구체적인 명세서를 본다면 더욱 좋겠지만 그렇지 못한다면 그분들이 말하는 것을 통해서라도 파악해 볼 필요가 있습니다.

- 지속가능성: 얼마나 일할 수 있는가는 매우 중요한 직업 선택의 기준이 됩니다. 질문자 본인이 생각하는 일을 수행할 수 있는 기간과 직업 현장에서 실제 일하는 사람이 보는 해당 업무의 지속가능성은 분명 비교해 보아야 할 항목입니다.

- 경쟁력: 해당 직무를 수행하기 위해 필요한 경쟁력을 정확히 파악하는 것은 매우 중요합니다. 경쟁력을 바탕으로 보다 우수한 성과를 기대해 나갈 수 있을 것입니다.

정보 검색 활동은 주변의 IT 기기 등을 활용해 관심있는 영역을 찾아보는 활동입니다. 대표적인 정보 검색 활동은 다음과 같습니다.

- 인터넷 정보 검색 : 가장 유용한 정보 수집 활동
- 도서관 방문 활동 : 전문가의 자료를 효과적으로 확인해 볼 수 있는 공간
- 신문/잡지 : 관심 영역의 전문가를 만나기 위한 징검다리 역할
- 도서 : 전문가의 이야기를 지면을 통해 자세히 접해볼 수 있

는 기회

- 박람회/전시회 : 발품을 파는 만큼 관심 영역의 정보를 더욱
　많이 얻어올 수 있는 기회


　이상과 같은 정보 수집 활동을 통해 관심 갖고 있는 영역의 다
양한 정보를 자신만의 데이터로 만들어 나가길 바랍니다.

# 수집된 정보 정리하기

다양한 정보 수집 활동을 통해 얻은 각종 정보는 그대로 두면 별 가치가 없습니다. 이를 자신의 관심 영역에 맞게 가공할 필요가 있습니다. 지금까지 진행한 활동을 통해 수집된 정보는 자기 자신에 대한 정보 그리고 일에 대한 정보로 나뉘어져 있습니다. 이제부터는 이를 종합적으로 정리해 나갈 필요가 있습니다. 이를 진행해 나갈 때에는 다음의 7가지 질문을 바탕으로 내용을 구성해 보면 많은 도움을 받을 수 있습니다.

1. 나의 관심사는? 내가 즐기면서 할 수 있는 일은? 내가 관심 있는 업무 유형 또는 업무 환경은 무엇인가?
2. 내가 가장 잘 할 수 있는 일은? 내가 보유한 가장 경쟁력 있는 기술 3~6가지를 생각했을 때 선택가능한 일의 영역은 무엇인가?

3. 관심 직무를 수행할 때 다른 사람과 차별화되는 나의 능력은?

4. 나의 가치와 우선순위는? 나에게 중요한 것은? 선택하고자 하는 이 일이 나에게 어떤 의미가 있는가?

5. 내가 원하는 이상적인 직업은? 현재로부터 5년 이후의 원하는 삶과 업무를 상상한다면 어떤 모습인가?

6. 수집된 직업 정보에서 가장 눈에 들어오는 항목은 무엇인가?

7. 모든 것을 고려할 때 나의 직업 목표가 현실적인가?

이상의 질문과 함께 자신이 수집한 각종 데이터를 잘 활용하여 의미 있는 직업 정보를 만들어 보시기 바랍니다.

# 몰입 시간 갖기

일련의 정보 수집 활동과 이에 따른 정보 정리 활동을 완료하면 이제부터 본격적인 보케이머션을 진행하게 됩니다.

앞서 보케이머션에는 두 가지 의미가 있다고 하였습니다. 하나는 새로운 일을 찾기 위한 전체적인 활동을 의미하는 것이고 또 한 가지는 자각을 하기 위한 몰입 활동을 말합니다.

이번에 진행할 내용은 보케이머션의 두 번째 의미입니다. Part 2에서 보케이머션 활동을 하기 위한 환경 조성과 생각하는 방법을 이야기하였습니다. 보케이션에 맞는 환경 조성과 생각하는 방법을 적용하면 궁극적으로 우리가 원하는 자각, 받아들임의 느낌을 경험할 수 있을 것입니다.

그리고 보케이머션을 하기 위해 다음 두 가지 태도를 지닐 필요가 있습니다. 보케이머션을 통해 얻고자 하는 것은 자신의 일에 대한 자각, 깨달음, 받아들임과 같은 느낌입니다. 느낌이란 것

1. 보케이머션을 통해 나의 일을 찾을 수 있다는 긍정적인 믿음
2. 한두 번의 보케이머션으로 영혼을 울리는 깨달음을 얻으려는 기대를 버리기


은 자연과학처럼 '물은 100℃가 되면 끓는다'와 같이 어디에서 실험을 하여도 똑같은 결과가 나오는 사실과는 다릅니다. 똑같은 시간을 몰입 하더라도 환경적 조건과 개인적 상태에 따라 피드백 되는 결과는 다를 수 있습니다. 어떤 분은 일주일 정도만 해도 결과가 나타나고 또 다른 분은 한 달 이상을 해야 무언가를 느끼는 경험을 하게 됩니다.

꾸준한 연습을 통해 집중하였을 때 우리는 소기의 원하는 결과를 얻을 수 있습니다. 언제라고 말하기는 어렵지만 분명 우리가 기대하는 답이 나옵니다. 그 경험을 할 수 있도록 꼭 보케이머션 활동을 하시기 바랍니다.

# 흔들리지 않는 중심축을 세워라!

깨달음은 일반적인 생각의 과정에서 쉽게 느끼는 경험은 아닙니다. 보케이머선을 통해 한 개인이 깨닫는 것은 여러 가지 형태로 나타나고 있습니다. 어떤 분은 그것을 자각이라 표현하기도 하고 또 다른 분들은 받아들임의 느낌으로 이야기하기도 합니다. 크게 본다면 답을 알 수 없는 상태에서 무언가 와 닿는 듯한 느낌이 바로 자각, 깨달음, 인식의 영역이라 말할 수 있고, 선택의 영역에서 무엇을 할지에 대해 마음 깊은 곳에서 결정하는 것을 받아들임, 타협의 영역으로 설명할 수 있습니다. 개인이 처한 입장에 따라 보케이머선을 통해 느끼는 것들이 약간씩 다를 수 있습니다. 그러나 그러한 경험을 통해 우리가 두 번째 직업을 수행해 나가는 데 필요한 중심축을 세울 수 있는 것은 공통적으로 적용되는 진리입니다.

자각이나 받아들임의 경험은 틀에 박힌 사고가 아닌 여러 가지 가능성을 염두에 두었을 때 이루어집니다. 이제 우리는 틀에 박힌 생각의 굴레에서 벗어나 새로운 사고의 진행을 시도해 보아야 합니다. 《다시, 일하러 갑니다》에서 필자는 이러한 이야기를 하였습니다.

같은 생각을 하더라도 현재의 상황을 개선하고 발전시켜 나갈 수 있는 긍정적인 생각이 있고, 현상을 확인만 하고 해결방법은 만들지 못하고 같은 자리만 맴도는 듯한 생각도 있습니다.

발전적인 생각은 현재 상태에 대한 해결책을 만들어 낼 수 있습니다. 발전적인 생각은 당면한 문제에 대해 다양한 해결방법에 대해 고려하고, 여러 방법을 적용하였을 때 그 결과물이 어떤 방향으로 흐르게 될지 예측해 보는 사고 활동을 의미합니다. 이러한 사고 활동을 통해서 우리가 얻을 수 있는 것은 바로 깨달음 또는 받아들임으로 이해할 수 있는 마음의 각성입니다.

이러한 경험을 얻는 것은 단순한 사고나 상황을 모면하기 위한 잔머리로는 체험할 수 없는 결과물입니다. 비록 우리가 종교에서 말하는 해탈이나 절대자와의 교감을 이루기 위해 견디기 어려운 고행을 하자는 것은 아니지만 마음 속 깊은 곳에서 울려 퍼지는 영혼의 인식을 나의 일을 찾는 일련의 활동에서 경험해 보길 희망합니다.

그렇기에 보케이머션 활동을 통해 나의 일을 발견할 수 있는 방법을 이야기하였습니다. 뇌과학의 지식을 차용하여 이야기하기도 하였지만 궁극적으로 사람은 어떤 것을 마음 깊숙이 느끼게 되면 그 일에 대해 자기 자신만의 가치를 만들게 되고 어떠한 외부의 흔들림이 있더라도 그 가치를 고수해 내는 성향을 갖고 있습니다.

즉, 나의 일에 대해 자각을 하게 되면 흔들리지 않는 직업적 소명의식을 갖게 될 것입니다. 보케이머션을 통해 그러한 흔들리지 않는 마음의 중심축을 세우시길 바랍니다.

# 03

---

# 세 번째,
# 구체화하라!

## 실천하라!

깊은 자각을 경험하면 세상이 돌아가는 원리를 깨우친 것 같은 느낌이 듭니다. 그러한 자각의 과정까지 진행된 과정을 뇌의 신경 신호로 풀이해 보자면 다음과 같습니다.

한 가지 문제에 당면하면 뇌의 사고 회로는 이 문제를 해결하고자 집중하게 됩니다. 깊은 생각을 통해 다각적인 접근이 진행되고 어느 순간, 그 문제를 해결할 수 있는 방안을 인식하게 됩니다. 여기까지는 모든 것이 뇌 속의 신경회로에서 이루어지기 때문에 우리가 의식하지는 못합니다. 즉, 마음 속 깊은 깨달음과 그 이후의 다짐이 자연스럽게 이루어지는 것입니다.

다짐을 한 이후부터는 이를 현실의 상황에 직접 구현하는 활동 영역으로 전환됩니다. 마음속에 있던 것을 밖으로 끄집어내는 활동이 필요하게 되는 것이죠. 여기에서 생각대로 잘되지 않는 경우가 종종 보이기도 합니다. 아이들은 어떤 동기부여에 의해 '아, 이제부터는 공부를 해야겠어'라고 각오를 다지지만 실제 책상에 앉아서 공부를 하는 경우는 그리 많지 않습니다. 의사 결정이 실제 행동으로 연결되기까지 또 하나의 극복해야 할 대상이 있기 때문입니다. 그것은 바로 육체가 지배하는 마음의 문제입니다.

저는 이 문제에 대해《다시, 일하러 갑니다》에서 다음과 같이 설명하였습니다.

뇌는 신경과 연결되어있는 육체와 항상 교류를 하고 있다. 오감으로 대변되는 다양한 감각과 기본적인 생리 활동 등은 뇌신경과 교류 활동을 통하여 현실에 바탕을 둔 생리적 욕구를 형성한다. 뇌의 또 다른 교류 대상인 정신은 신경 회로의 무수한 상호 작용을 통해 한 자아를 형성한다. 정신은 이후 외부 환경의 자극을 바탕으로 지속적인 의식의 재생산과 사고의 틀을 성장시키고 이를 통해 인식과 사고의 영역은 더욱 커지게 된다.

중요한 것은 뇌에서는 정신과 육체의 상호작용을 통해 마음이 형성되는데 이 마음이 크게는 두 가지의 유형의 특징을 보이고 있다. 그림에서 보는 바와 같이 정신이 지배하는 마음과 육체가 지배하는 마음 두 가지가 있는데, 이 두 가지로 대표되는 마음속에서 어느 쪽 마음이 더욱 강한가에 따라 그 마음이 가고자 하는 쪽으로 행동이 진행되는 것이다.

즉 학생들이 공부를 해야 한다는 것을 인식하고 마음을 먹음에도 불구하고 그것이 제대로 실행되지 않는 것도 다음과 같이 설명이 가능하다. 정신이 지배하는 의식적 노력보다 육체가 지배하는 아무것도 하지 않으려는 마음이 심리적으로 더 크기 때문에 실제로는 아무것도 하지 않는 상황이 발생되는 것이다.

일을 선택하고 진행해 나가는 데 있어서도 위의 설명이 그대로 적용된다. 본인 스스로가 의식하고 자각하여 어떤 일을 해야겠다라는 상황이 되더라도 실제 현실에서는 실행이 생각처럼 잘되지 않는다. 그러나 다행스러운 것은 이 문제에 대해서는 다른 어떤 문제보다 쉽게 해결될 수 있는 방안이 있다는 것이다. 그것은 이미 몰입을 통해 깊은 생각이 진행되었고 그 과정을 통해 새롭게 자각했다는 것만으로 충분하다는 것이다. 이는 뇌 의식에 매우 깊게 영향을 끼치는 것으로 자각의 수준을 100으로 환산한다면 약 90이상이 될 정도의 높은 자각인 것이다. 일례로 학생이 어떤 특별한 계기나 깊은 깨달음 없이 일반적인 상황에서 느끼는 '좋은 대학에 가려면 공부해야겠구나'와 같은 자각은 60 안팎 정도의 수준이라 말할 수 있다.


보케이머션을 통해 얻는 자신의 일에 대한 자각은 매우 높은 수준의 것입니다. 이러한 자각의 수준이라면 육체와 연결되어 있는 마음(생리적 욕구)에서 나오는 '다음에 천천히 하자', '쉽지 않을 텐데 잘 할 수 있겠어?'와 같은 속삭임이 마음 한곳에서 들려와도 충분히 이겨낼 수 있을 것입니다.

그런데 어떤 일을 해야겠다는 깨달음과 확고한 생각은 갖고

사고 판단이 행위로 이어지는 과정

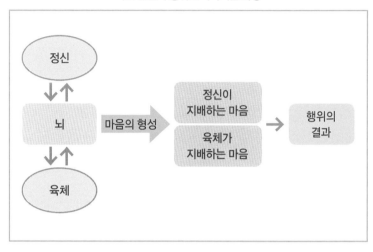

있지만 어떻게 펼쳐질지 알 수 없는 불확실한 미래에 대해 충분히 불안감을 느낄 수 있습니다. 이를 이겨내고 강인한 걸음을 내딛는 방법은 다음 편지에서 계속해서 이야기 하겠습니다.

## 플래너를 활용하라!

보케이머션을 통해 자신의 일을 자각한 후 우리가 해야 할 것은 무엇일까요? 그것은 우리가 계획한 내용에 따라 차근차근 앞으로 나아가는 것입니다.

어떤 일을 해야겠다고 각오를 한 사람은 이미 성공한 자신의 모습을 또는 남들이 자신의 성과를 인정해 주는 상황을 그려볼 수 있습니다. 그러나 어디까지나 마음속에서 상상할 때나 가능한 일입니다. 실제 현실에서 그 상상 속의 계획이 이루어지기 위해서는 일정한 시간과 상당한 노력이 필요합니다.

앞선 편지에서 이야기한 것과 같이 꿈꾸는 내용을 현실의 세계에서 구현해 가기 위해선 목표하는 정상까지 걸음을 옮겨갈 수 있는 강력한 의지가 그 무엇보다 중요합니다. 보케이머션을 통해 얻은 자각의 에너지를 의지로 표현하자면 매우 높은 의지라 말할 수 있습니다. 그러나 시간이 흘러가면 의지라는 것은 점차 여러 가지 외부요인에 의해 꺾일 수밖에 없습니다. 시간이 지나도 의지가 변함없이 유질될 수 있도록 하기 위해선 보조 도구가 필요합니다. 그 보조 도구는 바로 플래너입니다.

플래너를 매일 작성하고 확인해 나가는 과정을 통해서 얻을 수 있는 유용한 점은 바로 처음의 마음을 계속 유지해 나갈 수 있다는 점입니다. 플래너는 일반 메모지나 다이어리와는 쓰임새가 다릅니다. 시중에 나와 있는 여러 플래너가 공통으로 추구하는 것은 목표를 정하고 그 목표를 이룰 수 있도록 다양한 방법(각종 표시 기호의 활용, 일정표 앞단의 개인 목표 기술 항목 등)을 지원한다는 것입니다.

플래너는 자신이 계획하고 나가는 목표의 방향을 지속적으로 확인시켜주는 기능을 합니다. 인생이란 항해에서 어떠한 삶을 살았는지 평가를 했을 때, 가치 있는 삶을 살았다는 평가를 받기 위해선 하루하루를 의미 있게 보내야 합니다. 마라톤 평야보다 훨씬 긴 구간을 달리는 인생에서, 자신의 일을 점검하고 보다 발전적인 계획을 세우는 데 좋은 도구가 되는 것이 바로 플래너입니다.

플래너에는 단기 목표와 장기 목표 등 자신이 기대하는 목표와 방향성을 기록하는 공간이 있습니다. 플래너에 기록되어 있는 자신의 희망 바람, 이상에 대해 지속적으로 확인하면서 플래너의 주인은 그것을 현실 속에서 어떻게 구현할 수 있을지에 대해 끊임없이 생각하게 됩니다. 저도 이러한 플래너의 중요성을 이해하였기에 플래너를 많이 활용하였습니다. 그리고 새로운 일을 찾고자 노력하고 준비하는 분들에게 맞는 맞춤형 플래너를 제작하여 이전 저서인 《다시, 일하러 갑니다》의 별책으로 제공하기도 하였습니다.

자신의 목적에 맞는 플래너의 활용은 보케이머션을 통해 인지한 자신의 일을 지속가능한 성공의 궤도에서 벗어나지 않도록 하는 안전장치 역할을 합니다.

이 글을 읽는 모든 분들이 자신의 두 번째 직업을 보케이머션을 통해 확인하고, 이루고자 하는 꿈을 달성하길 바랍니다.

## 에필로그

《다시, 일하러 갑니다》를 쓰고 1년이 지나가는 즈음 매경출판에서 두 번째 직업을 찾고자 분주히 노력하는 분들에게 도움을 줄 수 있는 글을 써보는 것이 어떻겠냐는 제안을 하였습니다. 그 제안이 있고 약 1년이 되어가는 지금 두 번째 직업을 찾는 방법을 주제로 이 책을 썼습니다.

누구라도 진정 하고 싶은 일을 찾는 데 도움을 주자는 생각으로 출발한 이글에서 가장 중요한 메시지는 자신의 일에 대한 진실한 자각이라 말씀드립니다. 어떤 일에 대해 그 일을 해야겠다는 깨달음을 얻었을 때에는 그일이 어떠한 일이라도 그 한사람에게는 가치 있고 소중한 일이라 생각하였습니다.

보케이머션은 그 일을 찾기 위한 깨달음을 얻을 수 있는 최선의 방법이라 감히 말씀드립니다. 부록의 여러 워크 시트를 활용하여 실제 보케이머션 활동을 하는 데 도움이 되었으면 합니다.

그래서 새로운 일을 찾는 분들이 진정으로 자신이 찾고자 하는 의미 있는 일을 찾기를 바랍니다.

감사합니다.

부록

## 깊이 생각하기 연습 1

떠오르는 일에 대해 기술하시기 바랍니다.

--------------------------------------------------------------

1. 두 눈을 감고 위에서 기술한 직무를 수행할 때의 자신의 모습을 그려 보십시오.
2. 그 일을 하기 위해 무엇을 해야 하는지 생각하십시오.
3. 10분간 위에서 기술한 직무에 대해 집중하시기 바랍니다.
4. 10분이 지나면 다음의 질문에 대해 생각해 보시기 바랍니다.

진행하는 동안 의도한 생각 외의
다른 생각을 몇 번 하였습니까?

## 깊이 생각하기 연습 2

본인이 생각한 일에 대해 기술하시기 바랍니다.

---

1. 두 눈을 감고 위에서 기술한 직무를 수행할 때의 자신의 모습을 그려 보십시오.
2. 위에서 기술한 직무를 수행하기 위해 요구되는 능력은 무엇인지 생각하십시오.
3. 요구되는 능력을 성취하기 위해 무엇이 필요한지 생각하십시오.

생각이 정리되면 오늘 생각한 내용의 느낌을
간단히 적어 보십시오.

## 나의 전문성 점검하기

- 직무 수행을 하면서 경험하거나 이룩한 성과물을 참고하여 생각해 보기 바랍니다.(5가지 이상 적어 보세요)

# 깊이 생각하기 연습 3

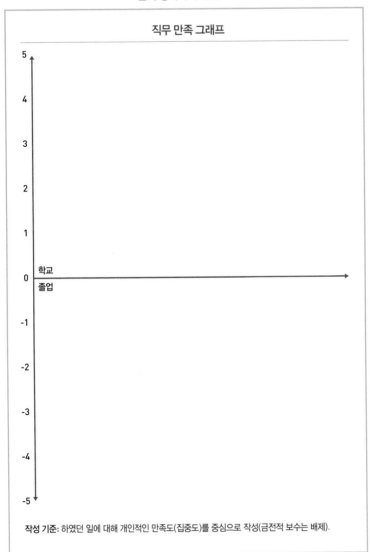

## 직무 만족 그래프

작성 기준: 하였던 일에 대해 개인적인 만족도(집중도)를 중심으로 작성(금전적 보수는 배제).

## 선택 가능한 일 고르기 워크 시트

| 나에게 가능한 일은 무엇인가? | | | |
|---|---|---|---|
| 원하는 것 | 할 수 있는 것 | 경제적으로 고려한 것 | 세 가지 중 가능성 높은 것 |
| | | | |

# 생각 주제 정리 시트

생각 주제 정리 시트는 보케이머션 활동을 진행할 때 주제를
정하고 생각을 진행할 수 있도록 도움을 줍니다. 하루에 여러
시트를 써도 되고 한 시트만 사용해도 됩니다.

## 생각 주제 정리 시트 1

이번 시간에 생각할 주제에 대해 기술하시기 바랍니다.

--------------------------------------------------------

↓

• 두 눈을 감고 해당되는 주제에 맞는 생각을 진행하시기 바랍니다.

이번 시간에 생각한 내용에 대해 간단히 정리해 보시기 바랍니다.

## 생각 주제 정리 시트 2

이번 시간에 생각할 주제에 대해 기술하시기 바랍니다.

--------------------------------------------------------

↓

• 두 눈을 감고 해당되는 주제에 맞는 생각을 진행하시기 바랍니다.

이번 시간에 생각한 내용에 대해 간단히 정리해 보시기 바랍니다.

## 생각 주제 정리 시트 3

이번 시간에 생각할 주제에 대해 기술하시기 바랍니다.

- - - - - - - - - - - - - - - - - - - - - - - - - - - - - - - - - - - - - -

↓

• 두 눈을 감고 해당되는 주제에 맞는 생각을 진행하시기 바랍니다.

이번 시간에 생각한 내용에 대해 간단히 정리해 보시기 바랍니다.

## 생각 주제 정리 시트 4

이번 시간에 생각할 주제에 대해 기술하시기 바랍니다.

- - - - - - - - - - - - - - - - - - - - - - - - - - - - - - - - - - - - - -

↓

• 두 눈을 감고 해당되는 주제에 맞는 생각을 진행하시기 바랍니다.

이번 시간에 생각한 내용에 대해 간단히 정리해 보시기 바랍니다.

## 생각 주제 정리 시트 5

이번 시간에 생각할 주제에 대해 기술하시기 바랍니다.

------------------------------------------------------------

↓

• 두 눈을 감고 해당되는 주제에 맞는 생각을 진행하시기 바랍니다.

이번 시간에 생각한 내용에 대해 간단히 정리해 보시기 바랍니다.

## 생각 주제 정리 시트 6

이번 시간에 생각할 주제에 대해 기술하시기 바랍니다.

------------------------------------------------------------

↓

• 두 눈을 감고 해당되는 주제에 맞는 생각을 진행하시기 바랍니다.

이번 시간에 생각한 내용에 대해 간단히 정리해 보시기 바랍니다.

## 생각 주제 정리 시트 7

이번 시간에 생각할 주제에 대해 기술하시기 바랍니다.

--------------------------------------------------------------

↓

• 두 눈을 감고 해당되는 주제에 맞는 생각을 진행하시기 바랍니다.

이번 시간에 생각한 내용에 대해 간단히 정리해 보시기 바랍니다.


## 생각 주제 정리 시트 8

이번 시간에 생각할 주제에 대해 기술하시기 바랍니다.

--------------------------------------------------------------

↓

• 두 눈을 감고 해당되는 주제에 맞는 생각을 진행하시기 바랍니다.

이번 시간에 생각한 내용에 대해 간단히 정리해 보시기 바랍니다.

## 생각 주제 정리 시트 9

이번 시간에 생각할 주제에 대해 기술하시기 바랍니다.

↓

• 두 눈을 감고 해당되는 주제에 맞는 생각을 진행하시기 바랍니다.

이번 시간에 생각한 내용에 대해 간단히 정리해 보시기 바랍니다.

## 생각 주제 정리 시트 10

이번 시간에 생각할 주제에 대해 기술하시기 바랍니다.

↓

• 두 눈을 감고 해당되는 주제에 맞는 생각을 진행하시기 바랍니다.

이번 시간에 생각한 내용에 대해 간단히 정리해 보시기 바랍니다.

## 생각 주제 정리 시트 11

이번 시간에 생각할 주제에 대해 기술하시기 바랍니다.

---

↓

- 두 눈을 감고 해당되는 주제에 맞는 생각을 진행하시기 바랍니다.

이번 시간에 생각한 내용에 대해 간단히 정리해 보시기 바랍니다.

## 생각 주제 정리 시트 12

이번 시간에 생각할 주제에 대해 기술하시기 바랍니다.

---

↓

- 두 눈을 감고 해당되는 주제에 맞는 생각을 진행하시기 바랍니다.

이번 시간에 생각한 내용에 대해 간단히 정리해 보시기 바랍니다.

## 생각 주제 정리 시트 13

이번 시간에 생각할 주제에 대해 기술하시기 바랍니다.

--------------------------------------------------

↓

• 두 눈을 감고 해당되는 주제에 맞는 생각을 진행하시기 바랍니다.

이번 시간에 생각한 내용에 대해 간단히 정리해 보시기 바랍니다.


## 생각 주제 정리 시트 14

이번 시간에 생각할 주제에 대해 기술하시기 바랍니다.

--------------------------------------------------

↓

• 두 눈을 감고 해당되는 주제에 맞는 생각을 진행하시기 바랍니다.

이번 시간에 생각한 내용에 대해 간단히 정리해 보시기 바랍니다.

## 생각 주제 정리 시트 15

이번 시간에 생각할 주제에 대해 기술하시기 바랍니다.

---

↓

• 두 눈을 감고 해당되는 주제에 맞는 생각을 진행하시기 바랍니다.

이번 시간에 생각한 내용에 대해 간단히 정리해 보시기 바랍니다.


## 생각 주제 정리 시트 16

이번 시간에 생각할 주제에 대해 기술하시기 바랍니다.

---

↓

• 두 눈을 감고 해당되는 주제에 맞는 생각을 진행하시기 바랍니다.

이번 시간에 생각한 내용에 대해 간단히 정리해 보시기 바랍니다.

## 생각 주제 정리 시트 17

이번 시간에 생각할 주제에 대해 기술하시기 바랍니다.

----------------------------------------------------------------

↓

• 두 눈을 감고 해당되는 주제에 맞는 생각을 진행하시기 바랍니다.

이번 시간에 생각한 내용에 대해 간단히 정리해 보시기 바랍니다.

## 생각 주제 정리 시트 18

이번 시간에 생각할 주제에 대해 기술하시기 바랍니다.

----------------------------------------------------------------

↓

• 두 눈을 감고 해당되는 주제에 맞는 생각을 진행하시기 바랍니다.

이번 시간에 생각한 내용에 대해 간단히 정리해 보시기 바랍니다.

## 생각 주제 정리 시트 19

이번 시간에 생각할 주제에 대해 기술하시기 바랍니다.

--------------------------------------------------------

↓

• 두 눈을 감고 해당되는 주제에 맞는 생각을 진행하시기 바랍니다.

이번 시간에 생각한 내용에 대해 간단히 정리해 보시기 바랍니다.


## 생각 주제 정리 시트 20

이번 시간에 생각할 주제에 대해 기술하시기 바랍니다.

--------------------------------------------------------

↓

• 두 눈을 감고 해당되는 주제에 맞는 생각을 진행하시기 바랍니다.

이번 시간에 생각한 내용에 대해 간단히 정리해 보시기 바랍니다.

## 생각 주제 정리 시트 21

이번 시간에 생각할 주제에 대해 기술하시기 바랍니다.

------------------------------------------------------------

↓

• 두 눈을 감고 해당되는 주제에 맞는 생각을 진행하시기 바랍니다.

이번 시간에 생각한 내용에 대해 간단히 정리해 보시기 바랍니다.


## 생각 주제 정리 시트 22

이번 시간에 생각할 주제에 대해 기술하시기 바랍니다.

------------------------------------------------------------

↓

• 두 눈을 감고 해당되는 주제에 맞는 생각을 진행하시기 바랍니다.

이번 시간에 생각한 내용에 대해 간단히 정리해 보시기 바랍니다.

## 생각 주제 정리 시트 23

이번 시간에 생각할 주제에 대해 기술하시기 바랍니다.

--------------------------------------------------------

↓

• 두 눈을 감고 해당되는 주제에 맞는 생각을 진행하시기 바랍니다.

이번 시간에 생각한 내용에 대해 간단히 정리해 보시기 바랍니다.


## 생각 주제 정리 시트 24

이번 시간에 생각할 주제에 대해 기술하시기 바랍니다.

--------------------------------------------------------

↓

• 두 눈을 감고 해당되는 주제에 맞는 생각을 진행하시기 바랍니다.

이번 시간에 생각한 내용에 대해 간단히 정리해 보시기 바랍니다.

## 생각 주제 정리 시트 25

이번 시간에 생각할 주제에 대해 기술하시기 바랍니다.

--------------------------------------------------------

↓

• 두 눈을 감고 해당되는 주제에 맞는 생각을 진행하시기 바랍니다.

이번 시간에 생각한 내용에 대해 간단히 정리해 보시기 바랍니다.

## 생각 주제 정리 시트 26

이번 시간에 생각할 주제에 대해 기술하시기 바랍니다.

--------------------------------------------------------

↓

• 두 눈을 감고 해당되는 주제에 맞는 생각을 진행하시기 바랍니다.

이번 시간에 생각한 내용에 대해 간단히 정리해 보시기 바랍니다.

## 생각 주제 정리 시트 27

이번 시간에 생각할 주제에 대해 기술하시기 바랍니다.

------------------------------------------------

↓

• 두 눈을 감고 해당되는 주제에 맞는 생각을 진행하시기 바랍니다.

이번 시간에 생각한 내용에 대해 간단히 정리해 보시기 바랍니다.


## 생각 주제 정리 시트 28

이번 시간에 생각할 주제에 대해 기술하시기 바랍니다.

------------------------------------------------

↓

• 두 눈을 감고 해당되는 주제에 맞는 생각을 진행하시기 바랍니다.

이번 시간에 생각한 내용에 대해 간단히 정리해 보시기 바랍니다.

## 생각 주제 정리 시트 29

이번 시간에 생각할 주제에 대해 기술하시기 바랍니다.

--------------------------------------------------------

↓

• 두 눈을 감고 해당되는 주제에 맞는 생각을 진행하시기 바랍니다.

이번 시간에 생각한 내용에 대해 간단히 정리해 보시기 바랍니다.

## 생각 주제 정리 시트 30

이번 시간에 생각할 주제에 대해 기술하시기 바랍니다.

--------------------------------------------------------

↓

• 두 눈을 감고 해당되는 주제에 맞는 생각을 진행하시기 바랍니다.

이번 시간에 생각한 내용에 대해 간단히 정리해 보시기 바랍니다.

# 두 번째 직업

**초판 1쇄** 2014년 11월 17일

**지은이** 윤통현
**펴낸이** 성철환 **편집총괄** 고원상 **담당PD** 한규란 **펴낸곳** 매경출판㈜
**등 록** 2003년 4월 24일(No. 2 - 3759)
**주 소** 우)100 - 728 서울특별시 중구 퇴계로 190 (필동 1가) 매경미디어센터 9층
**홈페이지** www.mkbook.co.kr
**전 화** 02)2000 - 2610(기획편집) 02)2000 - 2636(마케팅)
**팩 스** 02)2000 - 2609 **이메일** publish@mk.co.kr
**인쇄 · 제본** ㈜M - print 031)8071 - 0961

ISBN 979 - 11 - 5542 - 189 - 5 (03320)
값 12,000원